Enjoy reading!

Love always,

Cindi

W9-ART-028

rowohlt

Jennifer Teege
Nikola Sellmair

AMON

Mein Großvater
hätte mich erschossen

Rowohlt

Aus juristischen Gründen wurden die Namen
der handelnden Personen teilweise pseudonymisiert.

3. Auflage Oktober 2013
Copyright © 2013 by Rowohlt Verlag GmbH,
Reinbek bei Hamburg
Alle Rechte an dieser Ausgabe vorbehalten
Copyright © 2013 by Jennifer Teege und Nikola Sellmair
Lektorat Uwe Naumann
Satz Documenta, InDesign,
bei Pinkuin Satz und Datentechnik, Berlin
Druck und Bindung CPI – Clausen & Bosse, Leck
Printed in Germany
ISBN 978 3 498 06493 8

Das für dieses Buch verwendete FSC®-zertifizierte Papier
Schleipen Werkdruck liefert Cordier, Deutschland.

Für Y.

Inhalt

PROLOG

Die Entdeckung

Es ist der Blick der Frau, der mir bekannt vorkommt. Ich stehe in der Hamburger Zentralbücherei und halte ein Buch mit rotem Einband in der Hand, das ich eben aus dem Regal gezogen habe. Vorne ist das Schwarz-Weiß-Porträt einer Frau mittleren Alters aufgedruckt. Ihr Blick ist nachdenklich, er hat etwas Angestrengtes, Freudloses. Ihre Mundwinkel zeigen nach unten. Sie sieht unglücklich aus.

Ich überfliege den Untertitel: «Die Lebensgeschichte von Monika Göth, Tochter des KZ-Kommandanten aus ‹Schindlers Liste›». Monika Göth! Ich kenne diesen Namen. So heißt meine Mutter. Meine Mutter, die mich einst ins Kinderheim gab und die ich seit vielen Jahren nicht gesehen habe.

Auch ich hieß einmal «Göth», ich wurde geboren mit diesem Namen, schrieb «Jennifer Göth» auf meine ersten Schulhefte – bis mich meine Mutter zur Adoption freigab und ich den Nachnamen meiner Adoptiveltern annahm. Damals war ich sieben Jahre alt.

Was soll der Name meiner Mutter auf diesem Buch? Ich starre auf den Einband. Im Hintergrund, nur als Schatten hinter dem Schwarz-Weiß-Foto der Frau erkennbar, ist ein Mann mit geöffnetem Mund und einem Gewehr in der Hand zu sehen. Das muss der KZ-Kommandant sein.

Hastig schlage ich das Buch auf und beginne zu blättern, zuerst langsam, dann immer schneller. Es enthält nicht nur Text, sondern auch viele Fotos. Die Menschen auf den Bildern – habe ich die nicht schon mal gesehen? Eines zeigt eine junge große Frau mit dunklem Haar, sie erinnert mich an meine Mutter. Auf einem anderen sitzt eine ältere Frau im Englischen Garten in München, sie trägt ein geblümtes Sommerkleid. Ich habe nur wenige Bilder von meiner Großmutter, ich kenne jedes genau: Auf einem davon trägt sie genau dieses Kleid. Unter dem Foto im Buch steht «Ruth Irene Göth». So hieß meine Großmutter.

Ist das meine Familie? Sind das Fotos meiner Mutter und meiner Großmutter? Aber nein, das ist absurd: Es kann nicht sein, dass es ein Buch über meine Familie gibt – und ich weiß nichts davon!

Schnell blättere ich weiter. Ganz hinten, auf der letzten Seite des Buches, finde ich eine Biographie, sie beginnt so: Monika Göth, geboren 1945 in Bad Tölz. Ich kenne diese Daten. Aus meinen Adoptionsunterlagen. Hier stehen sie, schwarz auf weiß. Es ist wirklich meine Mutter. Hier geht es um meine Familie.

Ich klappe das Buch zu. Es ist still. Irgendwo im Lesesaal hustet jemand. Ich will hier raus, schnell, will allein sein mit diesem Buch. Ich umklammere es wie einen wertvollen Schatz, schaffe es die Treppen hinunter und durch die Ausleihe. Das Gesicht der Bibliothekarin, der ich das Buch hinschiebe, nehme ich gar nicht wahr. Ich gehe auf den weiten Platz vor der Bibliothek. Meine Knie geben nach. Ich lege mich auf eine Bank, schließe die Augen. Hinter mir rauscht der Verkehr.

Mein Auto steht gleich gegenüber, aber ich kann jetzt nicht fahren. Ein paarmal richte ich mich auf und überlege, ob ich weiterlesen soll. Mir graut davor. Ich möchte das Buch zu Hause lesen, in Ruhe, von Anfang bis Ende.

Es ist ein warmer Augusttag, aber meine Hände sind eiskalt. Ich wähle die Nummer meines Mannes: «Du musst kommen und mich abholen, ich habe ein Buch gefunden. Über meine Mutter und meine Familie.»

Warum hat meine Mutter mir nie etwas gesagt? Bin ich ihr so wenig wert, immer noch? Wer ist dieser Amon Göth? Was genau hat er gemacht? Warum weiß ich nichts von ihm? Wie war das noch mal mit «Schindlers Liste», mit den Schindler-Juden?

Es ist lange her, seit ich den Film gesehen habe. Ich erinnere mich noch, dass es Mitte der neunziger Jahre war, während meiner Studienzeit in Israel. Alle sprachen über Steven Spielbergs Holocaust-Drama. Ich sah es erst später im israelischen Fernsehen, allein in meinem WG-Zimmer in der Rehov Engel, der Engel-Straße in Tel Aviv. Ich weiß noch, dass ich den Film berührend fand; gegen Ende dann ein bisschen kitschig, zu sehr Hollywood.

«Schindlers Liste» war für mich nur ein Film, er hatte nichts mit mir zu tun.

Warum hat mir keiner die Wahrheit gesagt? Haben mich alle all die Jahre belogen?

KAPITEL 1

Ich, Enkelin eines Massenmörders

In Deutschland ist der Holocaust Familiengeschichte.
(Raul Hilberg)

Geboren wurde ich am 29. Juni 1970, als Tochter von Monika Göth und eines nigerianischen Vaters. Ich war vier Wochen alt, da brachte mich meine Mutter in ein katholisches Kinderheim. In der Obhut von Nonnen wuchs ich auf.

Mit drei Jahren kam ich zu einer Pflegefamilie, die mich im Alter von sieben Jahren adoptierte. Meine Haut ist schwarz, die meiner Adoptiveltern und meiner beiden Adoptivbrüder weiß. Jeder sah, dass ich nicht das leibliche Kind sein konnte. Aber meine Adoptiveltern beteuerten stets, sie würden mich genauso lieben wie ihre eigenen Kinder. Sie spielten, bastelten und turnten in Eltern-Kind-Gruppen mit mir und meinen Brüdern. Mit meiner leiblichen Mutter und meiner Großmutter hatte ich als Kind noch Kontakt, der dann später abriss. Das letzte Mal traf ich meine Mutter, da war ich einundzwanzig.

Jetzt, mit achtunddreißig Jahren, finde ich dieses Buch. Warum bloß habe ich es unter Hunderttausenden von Büchern herausgezogen? Gibt es so etwas wie Schicksal?

Der Tag hatte normal begonnen. Mein Mann war ins Büro gegangen, ich hatte meine Söhne in den Kindergarten gebracht und war weiter in die Stadt gefahren. Ich wollte noch kurz in die Bücherei. Ich bin oft hier. Ich mag die konzentrierte Stille, die leisen Schritte, das Rascheln der Buchseiten, die gebeugten Rücken der lesenden Besucher. In der Psychologieabteilung hatte ich nach Informationen über Depressionen gesucht. Auf Hüfthöhe, zwischen Erich Fromms «Die Kunst des Liebens» und einem Buch mit dem Allerweltstitel «In der Krise liegt die Kraft», stand das Buch mit dem roten Einband. Auf dem Buchrücken las ich: «Matthias Kessler: Ich muß doch meinen Vater lieben, oder?» Der Name des Autors sagte mir nichts, aber der Titel klang interessant. Also zog ich das Buch heraus.

Mein Mann Götz findet mich auf der Bank vor der Bibliothek liegend. Er setzt sich neben mich, betrachtet das Buch, blättert es kurz durch. Ich nehme es ihm schnell weg. Ich will nicht, dass er zuerst darin liest. Das Buch ist meins, der Schlüssel zu meiner Familiengeschichte. Der Schlüssel zu meinem Leben, nach dem ich all die Jahre gesucht hatte.

Mein ganzes Leben hatte ich das Gefühl, dass etwas mit mir nicht stimmt: Meine Traurigkeit, die Depressionen. Aber ich fand einfach nicht heraus, was so grundlegend falsch war.

Götz nimmt meine Hand, wir gehen zu seinem Wagen. Auf der Fahrt nach Hause spreche ich kaum. Mein Mann nimmt sich den Rest des Tages frei und kümmert sich um unsere beiden Söhne.

Ich lasse mich aufs Bett fallen, lese und lese, bis zur letzten Seite. Es ist schon dunkel, als ich den Band zuklappe. Ich setze mich an den Computer und recherchiere die ganze Nacht, lese alles über Amon Göth, was ich finden kann. Es ist, als würde ich in ein Gruselkabinett eintreten.

Ich lese über seine Ghettoräumungen in Polen, seine sadistischen Morde, seine auf Menschen abgerichteten Hunde. Erst jetzt wird mir das Ausmaß der Verbrechen bewusst, die Amon Göth begangen hat. Himmler, Goebbels, Göring – diese Figuren sind mir sofort präsent. Was Amon Göth genau getan hat, wusste ich nicht. Nach und nach wird mir klar, dass die Filmfigur in «Schindlers Liste» keine fiktive Figur war, sondern ein reales Vorbild aus Fleisch und Blut hatte. Meinen Großvater. Einen Mann, der reihenweise tötete und dem das auch noch Freude bereitete. Ich bin die Enkelin eines Massenmörders.

*

Jennifer Teege hat eine warme dunkle Stimme mit Münchner Einschlag, einem leicht rollenden «R». Ihr Gesicht ist klar und ungeschminkt, die eigentlich krausen Haare sind zu langen schwarzen Locken geglättet, die schmalen langen Beine stecken in engen Hosen. Wenn sie einen Raum betritt, drehen sich die Köpfe, die Männer schauen ihr nach. Sie geht sehr gerade, ihr Schritt ist fest und entschieden.

Ihre Freunde beschreiben Jennifer Teege als selbstbewusste Frau, voller Neugier und Abenteuerlust. Eine Studienfreundin sagt über sie: «Wenn sie von einem spannenden Land hörte, rief sie: Das kenne ich noch nicht, da fahr ich hin! Und sie zog los, nach Ägypten, Laos, Vietnam und Mosambik.»

Doch wenn sie über ihre Familiengeschichte spricht, zittern immer wieder ihre Hände, und sie weint.

Der Fund des Buches mit der Bibliothekssignatur Mcm O GOET#KESS ist der Moment, der Jennifer Teeges Leben zerschneidet, der es teilt in ein Davor und ein Danach: Davor, ohne das Wissen um ihre Herkunft. Danach, mit dem Wissen um die Geschichte ihrer Familie.

Die Geschichte ihres Großvaters kennt die ganze Welt: In Steven Spielbergs Film «Schindlers Liste» ist der grausame KZ-Kommandant Amon Göth Saufkumpan und Gegenspieler des gleichaltrigen Oskar Schindler: Judenmörder gegen Judenretter. Eine Filmszene hat sich ins kulturelle Gedächtnis eingebrannt: Amon Göth, wie er vom Balkon seiner Villa aus Häftlinge erschießt, seine Form von Morgengymnastik.

Amon Göth war als Kommandant des Konzentrationslagers Płaszów in Krakau verantwortlich für den Tod Tausender Menschen. 1946 wurde er in Krakau gehängt, seine Asche in die Weichsel gestreut. Amon Göths Lebensgefährtin Ruth Irene, Jennifer Teeges geliebte Großmutter, leugnete später seine Verbrechen. 1983 brachte sie sich mit Schlaftabletten um.

Jennifer Teeges deutsche Geschichte: der Opa ein Nazitäter, die Oma eine Mitläuferin. Die Mutter aufgewachsen mit dem bleiernen Schweigen der Nachkriegszeit. Das also ist ihre Familie. Das sind ihre Wurzeln, die sie, das Adoptivkind, immer gesucht hat. Und sie, wer ist dann sie?

*

Alles, was mein Leben bis dahin ausgemacht hat, stelle ich nun in Frage: die enge Beziehung zu meinen beiden Adoptivbrüdern, meine Freundschaften in Israel, meine Ehe,

Ein Original der Schindler-Liste, gefunden 1999 auf dem Dachboden eines Hauses in Hildesheim, vor einem Foto Oskar Schindlers (Mitte)

meine zwei Söhne. War mein ganzes Leben eine Lüge? Ich komme mir vor, als sei ich unter falschem Namen unterwegs gewesen, als hätte ich alle betrogen.

Dabei bin ich diejenige, die betrogen wurde: um meine Geschichte. Um meine Kindheit. Um meine Identität.

Ich weiß nicht mehr, zu wem ich gehöre. Zu meiner Adoptivfamilie oder zur Familie Göth? Ich kann es mir nicht aussuchen: Ich bin eine Göth.

Als ich mit sieben Jahren, nach der Adoption, den Namen Göth ablegte, schien das leicht. Ein Dokument wurde aufgesetzt. Meine Adoptiveltern fragten, ob der Namenswechsel für mich in Ordnung sei. Ich sagte ja. Nach meiner leiblichen Mutter wagte ich danach nicht mehr zu fragen. Ich wollte endlich eine normale Familie.

Bei meinen Recherchen zu Amon Göth stoße ich im Internet auch auf einen Bericht über eine Sendung im Kulturkanal «arte»: Ein amerikanischer Filmemacher hat die Begegnung meiner Mutter mit Helen Rosenzweig, ehemals KZ-Häftling und Dienstmädchen in der Villa meines Großvaters, dokumentiert. Zufällig wird der Film schon am folgenden Abend in deutscher Erstausstrahlung im Fernsehen zu sehen sein.

Erst das Buch, dann dieser Film – es ist alles zu viel, es kommt alles zu schnell.

Mit meinem Mann sitze ich abends vor dem Fernseher. Gleich zu Beginn tritt meine Mutter auf. Ich beuge mich vor, ich will genau sehen: Wie sieht sie aus, wie bewegt sie sich, wie spricht sie? Bin ich ihr ähnlich? Ihre Haare hat sie jetzt kupferblond getönt, sie sieht verhärmt aus. Ich mag ihre Art, sich auszudrücken. Als Kind war sie für mich nur meine Mutter. Kinder registrieren nicht, ob jemand eher einfach oder gebildet ist. Erst jetzt merke ich: Meine Mutter ist eine kluge Frau, sie sagt interessante Dinge.

Im Dokumentarfilm wird auch eine Schlüsselszene aus «Schindlers Liste» gezeigt, in der die jüdische Bauleiterin dem frisch ernannten Kommandanten Amon Göth erklärt, dass die Lagerbaracken nicht richtig geplant seien – da lässt Amon Göth, gespielt von Ralph Fiennes, die Frau einfach erschießen. Sie sagt noch: «Herr Kommandant, ich bemühe mich doch nur, meine Arbeit gut zu machen.» Da antwortet Fiennes als Göth: «Ich mich auch.»

Ich erinnere mich jetzt wieder besser an den Film. Die Szene hat mich erschüttert, denn sie zeigt so klar, was man sich kaum vorzustellen vermag: Es gibt keine Grenzen und keine Hemmschwellen im Lager, Vernunft und Menschlichkeit sind abgeschafft.

Was soll ich, mit meiner dunklen Haut, mit Freunden in der ganzen Welt, bloß mit diesem Großvater? War er es, der meine Familie zerstörte? Fiel sein Schatten erst auf meine Mutter, schließlich auf mich? Kann es sein, dass ein Toter immer noch Macht hat über die Lebenden? Haben die Depressionen, die mich seit langem quälen, auch mit meiner Herkunft zu tun? Dass ich fünf Jahre in Israel gelebt und studiert habe – war das Zufall oder Bestimmung? Muss ich jetzt anders mit meinen jüdischen Freunden reden, jetzt, da ich weiß: Mein Großvater hat eure Verwandten umgebracht?

Ich träume: Ich schwimme in einem dunklen See, das Wasser zäh wie Teer. Plötzlich tauchen neben mir Leichen auf. Spindeldürre Gestalten, Skelette fast, denen alles Menschliche genommen wurde.

Weshalb hatte meine Mutter es nicht für nötig befunden, mich über meine Herkunft aufzuklären? Wieso erzählt sie anderen Dinge, die auch ich hätte unbedingt wissen müssen? Sie hat mir nie die Wahrheit gesagt. Aber ich brauche die Wahrheit. Ich muss an Theodor W. Adornos berühmten Satz denken: Es gibt kein richtiges Leben im falschen. Er war damals anders gemeint, aber jetzt scheint er mir perfekt auf mein Leben zu passen.

Unsere Beziehung war schwierig, unsere Treffen waren sporadisch – aber sie ist trotz allem meine Mutter. Im Buch über Monika Göth wird auch das Jahr 1970 erwähnt, mein Geburtsjahr. Für mich hat meine Mutter kein einziges Wort. Sie schweigt mich tot.

Immer wieder betrachte ich das Foto im Buch, auf dem sie so aussieht, wie ich sie aus Kindertagen in Erinnerung habe. Tief in mir öffnet sich eine Schublade nach der anderen: Meine ganze Kindheit kommt hoch, die Gefühle aus der Zeit im Heim – Hoffnungslosigkeit und Einsamkeit.

Ich fühle mich wieder hilflos wie ein kleines enttäuschtes Kind und bin nicht mehr fähig, mein Leben zu regeln.

Ich will schlafen, nur schlafen, oft bleibe ich bis mittags im Bett. Mir ist alles zu viel: aufstehen zu müssen, sprechen zu müssen. Sogar das Zähneputzen ist eine Last. Der Anrufbeantworter ist eingeschaltet, ich schaffe es nicht, jemanden zurückzurufen. Ich treffe mich nicht mehr mit Freunden, sage Einladungen ab. Was könnte ich plaudern, worüber lachen? Meine Familie nehme ich nur noch wie durch eine dicke Glasscheibe wahr: Wie soll ich mich ihnen verständlich machen? Ich verstehe doch selbst nicht, was mir passiert.

Ich kann es plötzlich nicht mehr ertragen, wenn jemand in meiner Nähe Bier trinkt. Wenn ich Bier auch nur rieche, muss ich mich übergeben: Der Geruch erinnert mich an den ersten Mann meiner Mutter. Er war meistens betrunken, im Rausch verprügelte er meine Mutter.

Die nächsten zwei Wochen verlasse ich kaum das Haus. Manchmal schaffe ich es, statt der Jogginghose eine Jeans anzuziehen, aber im nächsten Moment überfällt mich wieder diese Müdigkeit, und ich frage mich: Wozu habe ich geduscht und mich angezogen, ich gehe ja doch nicht aus dem Haus?

Mein Mann kümmert sich so viel wie möglich um die Kinder, erledigt am Wochenende den Großeinkauf, füllt die Tiefkühltruhe, kocht vor. Ich möchte meine Söhne am Nachmittag nicht einfach vor den Fernseher setzen, dann würde ich mich wie eine Rabenmutter fühlen. Stattdessen bestelle ich im Internet ein Set Legosteine – damit sind meine Kinder einige Stunden beschäftigt, und ich kann mich ausruhen.

Dann versuche ich, wieder rauszugehen, für meine Familie zu sorgen. Aber ich scheitere an den einfachsten Dingen. Im Einkaufszentrum machen mich die vielen Menschen nervös. Ich stehe ratlos vor den verschiedenen Kaffeesorten. Aber muss ich nicht eigentlich viel dringender zur Post? Ich gehe zur Post, aber dort ist die Schlange zu lang, ich eile zurück zum Supermarkt, vors Kaffeeregal. Eigentlich wollte ich doch auch Milch und Brot holen. Aber viel wichtiger ist das Mittagessen, wo bekomme ich das jetzt so schnell noch her? Es wird später, bald muss ich die Kinder aus dem Kindergarten holen, der Druck steigt. Mein Kopf ist mein Gefängnis. Wieder nichts geschafft.

Ich hatte selber keine richtige Mutter und wollte meinen Kindern geben, was ich entbehrt hatte. Aber jetzt lasse ich sie allein. Ich bereite ihnen Brote, mache ihnen ein Tiefkühlgericht warm. Simple, praktische Dinge. Mehr nicht. Mein älterer Sohn Claudius sucht meine Nähe. Er kuschelt sich abends an mich und redet auf mich ein, spricht schnell, ohne Punkt und Komma, damit ja keine Pause entsteht, in der ich mich wieder abwenden könnte. Ich versuche, mich auf ihn zu konzentrieren, aber ich schaffe es nicht. Ich nicke ab und zu beiläufig, damit er denkt, ich höre zu. Am liebsten würde ich mir einfach die Decke über den Kopf ziehen.

Warum habe ich nicht herausgefunden, dass ich die Enkelin von Loriot bin?

*

Wer mit Joseph Goebbels, Heinrich Himmler, Hermann Göring oder einem Amon Göth verwandt ist, der ist gezwungen, sich mit seiner Familiengeschichte auseinanderzusetzen. Aber was ist mit all den anderen, den vielen namenlosen Mitläufern und Mittätern?

Der Sozialpsychologe Harald Welzer kam in seiner Studie «Opa war kein Nazi» zu dem Schluss: Die Generation der Enkel, der heute Dreißig- bis Fünfzigjährigen, kennt meist die historischen Fakten über den Holocaust, sie lehnt die NS-Ideologie entschiedener ab als noch die Generation davor. Doch der scharfe Blick richtet sich nur auf die Politik, nicht aufs Private: Gerade die Enkel reden sich die Rolle ihrer Vorfahren schön, zwei Drittel der Befragten stilisieren sie gar zu Helden des Widerstands oder zu Opfern des NS-Regimes.

Was der eigene Großvater wirklich getan hat – viele wissen es nicht. Der Holocaust ist für sie ein Stück Schulunterricht, ritualisierte Opferstory in Film und Fernsehen – aber nicht die Geschichte ihrer eigenen Familie, ihre eigene Geschichte. So viele harmlose Opas, so viele verdrängte Familiengeheimnisse. Und wenn bald die letzten Zeitzeugen tot sind, wird es für die Enkel endgültig zu spät sein, genau nachzufragen.

*

Als Kind blickte ich in den Spiegel und sah sofort, dass ich anders war: wie dunkel meine Haut war, wie kraus meine Haare. Um mich herum nur kleine Blonde: meine Adoptiveltern und meine beiden Adoptivbrüder. Ich dagegen: ein hochgewachsenes Kind, mit dünnen Beinen und schwarzem Haar. Damals, in den siebziger Jahren, war ich das einzige schwarze Mädchen in Waldtrudering, einem beschaulichen, grünen Stadtteil von München, wo ich mit meiner Adoptivfamilie lebte. In der Klasse sangen sie «Zehn kleine Negerlein». Ich hoffte, dass sich keiner zu mir umdrehte. Dass keiner erkannte, dass ich nicht wirklich dazugehörte.

Nach dem Tag in der Bibliothek blicke ich wieder in den Spiegel, diesmal suche ich nach Ähnlichkeiten. Mir graut davor, dazuzugehören, zu den Göths: die Linien zwischen Nase und Mund – so wie bei meiner Mutter und meinem Großvater. Kurz denke ich: Diese Falten muss ich unterspritzen, weglasern, wegschneiden!

Ich bin groß, wie meine Mutter, wie mein Großvater. Als Amon Göth nach Kriegsende gehängt werden sollte, musste der Henker das Seil zweimal kürzen – er hatte Göths Körpergröße unterschätzt.

Es gibt einen historischen Filmausschnitt, der zeigt, wie mein Großvater hingerichtet wird. Es sollte dokumentiert werden, dass er auch wirklich tot war. Erst beim dritten Versuch hängt er endlich mit gebrochenem Genick am Seil. Als ich die Szene sehe, weiß ich nicht, ob ich lachen oder weinen soll.

Mein Großvater war ein Psychopath, ein Sadist. Er verkörpert all das, was ich ablehne: Was muss das für ein Mensch sein, dem es Freude macht, andere Menschen möglichst einfallsreich zu quälen und zu töten? Ich finde bei meinen Recherchen keine Erklärung dafür, warum er so wurde. Als Kind schien er noch ganz normal.

Diese Sache mit dem Blut: Was hat er mir vererbt? Scheint sein Jähzorn auf in mir und meinen Kindern? Im Buch über meine Mutter steht, dass sie in der Psychiatrie war. Es wird auch erwähnt, dass meine Großmutter kleine rosa Tabletten mit Namen «Omca» im Badezimmerschrank aufbewahrte. Ich finde heraus, dass das Psychopharmaka sind, die bei Depressionen, Angststörungen und Wahnvorstellungen eingesetzt werden.

Ich traue mir selbst nicht mehr: Werde ich auch verrückt? Bin ich schon verrückt? Nachts wecken mich furchtbare Träume. In einem Traum bin ich in der Psy-

Amon Göth 1945 nach seiner Verhaftung durch die Amerikaner

chiatrie, fliehe durch die Gänge, springe aus einem Fenster in den Hof und kann schließlich entkommen.

Ich mache einen Termin mit der Therapeutin, die mich früher, als ich noch in München lebte, wegen meiner Depressionen behandelt hat, und reise zu ihr nach Bayern.

Vor dem Termin ist noch Zeit: Ich fahre ins Münchner Armeleuteviertel Hasenbergl. Hier hat meine leibliche Mutter gewohnt. Manchmal holte sie mich an den Wochenenden zu sich nach Hause. Es sieht noch aus wie damals, nur die Häuserfassaden sind jetzt bunter, das fleckige Grau-Beige wurde gelb und orange überstrichen. Auf den Balkonen trocknet Wäsche, auf der Wiese liegt Müll. Ich stehe vor dem Mietshaus, in dem meine Mutter wohnte. Jemand kommt aus dem Haus und hält mir die Tür auf. Ich laufe die Etagen ab, versuche mich zu erinnern, auf welcher sie gewohnt hat, es muss die zweite gewesen sein. Ich fühle eine vertraute Beklemmung. Hier habe ich mich nie wohl gefühlt.

Danach fahre ich mit der U-Bahn weiter nach Schwabing, laufe am Josephsplatz mit der schönen alten Kirche vorbei in die Schwindstraße. In einem Altbau mit Kastanie im Hinterhof liegt die ehemalige Wohnung meiner Großmutter. Die Haustür ist offen, ich steige die Holztreppen hoch bis nach ganz oben. Meine Großmutter war der erste Mensch, der mir Trost und Geborgenheit gab. Doch das Buch über meine Familie hat mir das positive Gefühl für sie genommen. Wer war die Frau, die anderthalb Jahre lang an der Seite meines Großvaters in einer Villa am KZ-Gelände in Płaszów lebte?

Ich habe auch noch einen Termin im Jugendamt vereinbart. Die Beamtin ist sehr nett und bemüht sich, mir zu helfen. Ich darf nur Teile der Akten selbst lesen. Ich frage sie, ob irgendwo vermerkt ist, dass ich als Kind psychische Störungen hatte.

Ich weiß ja nicht, was andere ganz selbstverständlich wissen: Wenn mich ein Arzt fragte, welche Krankheiten es in meiner Familie gebe, konnte ich darauf nie etwas antworten. Ich weiß auch nicht, ob ich als Baby einen Schnuller hatte, welche Lieder ich gern mitsummte oder welches Schmusetier mein erstes war. Ich hatte keine Mutter, bei der ich mich danach erkundigen konnte.

Nein, sagt die Frau vom Jugendamt zu mir, in den Akten stehe nichts über irgendein sonderbares Verhalten; ich sei ein normal entwickeltes, fröhliches Kind gewesen.

Ich schaffe es gerade noch pünktlich in die Praxis meiner ehemaligen Therapeutin. Von ihr möchte ich wissen: Was war damals ihre Diagnose – war ich wirklich nur depressiv oder schwerer gestört? Wirke ich jetzt klar auf sie? Sie beruhigt mich: Sie habe bei mir wirklich nur Depressionen festgestellt und niemals etwas anderes diagnostiziert. Sie gibt aber zu, dass sie mit meiner jetzigen Problematik überfordert ist, und schickt mich zu einem Münchner Kollegen, Peter Bründl.

*

Der Psychoanalytiker Peter Bründl erinnert sich noch gut an Jennifer Teege: «Da kam eine selbstbewusste große schöne Frau, die ganz gezielt Fragen stellte: Wie gehe ich mit meiner Geschichte um?» Bründl, ein älterer Herr im schwarzen Anzug und mit grauem Vollbart, hat in seiner Praxis in einer Münchner Altbauwohnung schon einige Enkel von Nazi-Tätern therapiert. Er sagt: «Gewalt und Verrohung hinterlassen Tiefenwirkungen für die Generationen, die darauf folgen. Das, was krank macht, sind aber nicht die Taten selbst, sondern es ist das Schweigen darüber. Diese unselige Verschwörung des Schweigens in den Täterfamilien, oft über Generationen hinweg.»

Schuld ist nicht vererbbar, Schuldgefühle aber sehr wohl. Die Kinder der Täter geben Ängste, Scham- und Schuldgefühle unbewusst wieder an ihre Kinder weiter, so Bründl. Das betreffe mehr Familien in Deutschland, als man denke.

Jennifer Teeges Fall sei besonders, weil sie ein doppeltes Trauma durchlitten habe, so Bründl: «Die Adoption und später dann die Entdeckung der Familiengeschichte.»

Peter Bründl sagt: «Es ist elend, was Frau Teege erlebt hat. Schon ihre Zeugung war ja eine Provokation: Die Mutter Monika Göth hat mit einem Nigerianer ein Kind bekommen. Das war zu Beginn der siebziger Jahre in München alles andere als selbstverständlich. Und für die Tochter eines KZ-Kommandanten war es unerhört.»

Oft kämen Nazi-Enkel zunächst wegen ganz anderer Probleme zu ihm, so Peter Bründl: wegen Depressionen, ungewollter Kinderlosigkeit, Essstörungen oder Versagensängsten im Beruf. Peter Bründl ermutigt sie dann, gründlich in der Vergangenheit zu recherchieren und das familiäre Lügengebäude einzureißen: «Danach können sie ihr eigenes Leben leben, ihr eigenes authentisches Leben.»

*

Herr Bründl verweist mich an das Institut für Psychiatrie am Universitätsklinikum in Hamburg. Doch der Experte, den er mir empfiehlt, ist nicht erreichbar. Mit jedem Tag, den ich warten muss, werde ich verzweifelter. Ich weiß, dass ich professionelle Hilfe brauche, und alle anderen mit mir überfordert sind. Von Zeit zu Zeit raste ich aus, schreie Götz oder die Kinder an. Ich kann mich nicht mehr zusammenreißen, mich nicht mehr zusammenhalten.

Als ich eines Morgens schon beim Aufstehen zu weinen anfange, fragen mich meine Söhne: «Mami, was ist los?» – «Nichts», schluchze ich und fahre zur psychiatrischen Notaufnahme des Hamburger Universitätskrankenhauses. Der diensthabende Arzt verschreibt mir Antidepressiva. Ich nehme sie noch am selben Tag.

Die nächsten Wochen bin ich oberflächlich wiederhergestellt. Dann habe ich endlich einen Termin bei dem empfohlenen Therapeuten. Er wartet in einem nüchternen Professoren-Zimmer auf mich. Aber er erkennt meine innere Not. Als ich ihm meine Geschichte erzähle, weint er mit mir. Ich fühle mich bei ihm aufgehoben. Mein Therapeut wird nie wieder weinen, aber er wird mich durch die nächsten Monate begleiten.

Ich fange wieder an zu joggen. Schon immer bin ich gerne alleine gewesen. Allein gereist, allein gelaufen. Es gibt eine Strecke in einem Waldstück in Hamburg, die ich sehr mag. Ich starte im schattigen Wald, laufe weiter über die Felder, vorbei an Pferdeweiden. Danach durch die Kleingartensiedlung, mit Gartenzwergen zwischen Blumenbeeten: Die demonstrativ heile Welt hat etwas Anrührendes. Hinterher ist mein Kopf frei.

Meine Adoptivfamilie weiß noch immer nichts. Zu

Weihnachten will ich es ihnen endlich sagen. Wir treffen uns in München im Haus meiner Adoptiveltern.

Mein Weihnachtsgeschenk: Ich gebe jedem ein Exemplar des Buches über meine Mutter, dazu die einzige Biographie Amon Göths, einen dicken Band, verfasst von einem Wiener Historiker.

Meine Adoptiveltern Inge und Gerhard – Mama und Papa kann ich sie jetzt nicht mehr nennen – sind überrascht und geschockt. Zu Beginn, direkt nach dem Fund des Buches, hatte ich den Verdacht, dass sie alles über meine leibliche Familie wüssten und mich nur nicht beunruhigen wollten. Dass auch sie mich betrogen hätten. Doch schnell war mir klar: Sie hätten mir etwas so Fundamentales nicht verschwiegen. Ihre Reaktion jetzt zeigt mir, dass ich recht hatte: Auch sie wussten von nichts.

Meinen Adoptiveltern fiel es schon immer schwer, über Gefühle zu sprechen. Nun flüchten sie sich in akademische Details: In der Amon-Göth-Biographie fehlen die Fußnoten, moniert mein Adoptivvater. Er fragt: Stimmt die Zahl der Toten mit der in anderen Quellen überein? Mein Leben wurde aus den Angeln gehoben – und meine Adoptiveltern diskutieren über Fußnoten! Meine Adoptivbrüder Matthias und Manuel verstehen dagegen sofort, was das Buch für mich bedeutet.

*

Jennifer Teeges Adoptivmutter Inge Sieber hat noch vor Augen, wie Jennifer an diesem Weihnachtsabend auf der Couch saß und nach Worten rang: «Jenny hatte angekündigt, dass es etwas Wichtiges zu bereden gebe. Doch dann blieb sie zuerst stumm, blickte uns nur an, und ihr kamen plötzlich die Tränen. Ich ahnte, dass etwas Schlimmes passiert sein musste.» Als Inge Sieber die ganze Geschichte erfahren hatte, wusste sie zunächst nicht, wie sie damit umgehen sollte: «Meinem Mann und mir hat es den Boden unter den Füßen weggezogen.»

Jennifer Teeges Adoptivbruder Matthias kann in dieser Weihnachtsnacht nicht schlafen: «Jennys Schicksal trieb mich um. Für sie war durch dieses Buch eine andere Welt aufgegangen. Ihr anderer Teil. Sie sah, wo sie herkam. Sie hat sich viel mit ihrem Großvater beschäftigt, aber noch mehr mit den Frauen in ihrer Familie, ihrer Großmutter und ihrer Mutter.»

Jennifer habe sich plötzlich nicht mehr so sehr als Tochter ihrer Adoptiveltern gesehen, sondern als Teil ihrer leiblichen Familie. Das habe ihre Adoptiveltern sehr verletzt, glaubt Matthias.

Er selbst habe sich sehr um seine Schwester gesorgt: «Sie war so gedrückt, so niedergeschlagen, wie ich sie noch nie gesehen hatte. Dabei hatte ich sie meist als stark empfunden. Von uns drei Geschwistern war sie immer die Mutigste; die, die sich am meisten traute.»

*

Mein Bruder Matthias wird in den nächsten Monaten neben meinem Mann mein wichtigster Gesprächspartner und recherchiert immer neue Details über die Göth-Familie.

Meine israelischen Freundinnen Noa und Anat schicken Mails: «Jenny, wo steckst Du, warum meldest Du dich nicht?» Ich antworte nicht. Mir fehlen die Kraft und die Worte. Ich möchte meine Freundinnen nicht verletzen. Ich weiß nicht mehr genau, wo sie Verwandte im Holocaust verloren haben. Ich muss sie fragen. Und was, wenn sie sagen: «Im KZ Płaszów»?

Die Opfer von Amon Göth – sie sind für mich eben nicht abstrakt, keine anonyme Menge. Wenn ich an sie denke, sehe ich die Gesichter der alten Menschen vor mir, die ich während meiner Studienzeit in Israel im Goethe-Institut getroffen habe: Holocaust-Überlebende, die wieder Deutsch sprechen und hören wollten, die Sprache ihrer alten Heimat. Einige hatten Probleme mit den Augen, ich las ihnen aus deutschen Zeitungen und Romanen vor. Auf ihren Unterarmen sah ich die eintätowierten Nummern aus den Lagern. Zum ersten Mal fühlte sich meine deutsche Nationalität falsch an, wie etwas, wofür man sich entschuldigen musste. Aber ich war gut getarnt durch meine dunkle Hautfarbe. Keiner hat mich als Deutsche wahrgenommen.

Wie wären diese alten Leute mir begegnet, wenn sie gewusst hätten, dass ich die Enkelin Amon Göths bin? Vielleicht hätten sie nichts mit mir zu tun haben wollen. Vielleicht hätten sie ihn in mir gesehen.

Mein Mann sagt zu mir: Finde die Adresse deiner Mutter heraus, konfrontiere sie mit deiner Wut, mit deinen Fragen. Und sag deinen Freunden in Israel endlich, was los ist.

Noch nicht, antworte ich. Ich will nachdenken. Und ich muss noch Gräber besuchen. In Krakau.

KAPITEL 2

Herrscher über das KZ Płaszów: Der Großvater Amon Göth

Wer ihm gefiel, blieb am Leben,
wer nicht, ging in den Tod.
(Mietek Pemper, ehemaliger Schreiber Amon Göths)

Vorsichtig setze ich einen Fuß vor den anderen. Unter mir schwankt der Boden; das morsche Parkett knarzt und gibt bei jedem meiner Schritte nach. Es ist kalt und klamm hier, es riecht modrig. Alles ist so verwahrlost. Dort in den Ecken, ist das Rattenkot? Es gibt kein vernünftiges Licht hier. Zu wenig Licht, zu wenig Luft. Vorsichtig gehe ich weiter in das Haus meines Großvaters, über das dunkle Fischgrätparkett ins ehemalige Jagdzimmer. Hier ließ Amon Göth einst ein Schild aufhängen mit dem Spruch: «Wer zuerst schießt, hat mehr vom Leben.»

Ich wollte das Haus sehen, in dem meine Großeltern lebten. Eine polnische Stadtführerin, deren Adresse ich im Internet gefunden habe, hat mir erzählt, dass es noch steht. Es gehört jetzt einem polnischen Rentner, der darin wohnt und es ab und zu einzelnen Besuchern zeigt. Die Stadtführerin hat den Mann angerufen und einen Termin für mich ausgemacht.

In der ruhigen Heltmana-Straße im Krakauer Stadtteil Płaszów fällt das einzige verfallene Haus zwischen gepflegten Einfamilienhäusern sofort auf. Einige Fenster sind zerbrochen, die Vorhänge schmutzig, von außen wirkt es unbewohnt. An der Vorderseite der Villa hängt ein großes Schild: «Sprzedam. For sale.»

Die Eingangstür ist immer noch schön, die dunkelrote Farbe nur leicht verblasst, das Holz mit Ornamenten verziert. Ein ungepflegter alter Mann hat sie geöffnet und mich durch einen schmalen Treppenaufgang hereingeführt. Die Stadtführerin Malgorzata Kieres – ich soll sie einfach Malgorzata nennen – übersetzt sein Polnisch für mich. Ich habe Malgorzata nicht erzählt, woher mein Interesse an dem Haus rührt, sie hält mich für eine historisch interessierte Touristin.

Ich schaue mich um. Der Putz blättert von den Wänden. Kaum Möbel. Dazu diese Kälte, die einem in die Glieder kriecht. Der Gestank. Die Decken sind abgestützt mit hölzernen Balken. Hoffentlich fällt das Haus nicht zusammen. Begräbt mich unter sich.

Wackelige Mauern, dazwischen die Vergangenheit.

Über ein Jahr ist vergangen, seit ich das Buch über meine Mutter in der Bibliothek gefunden habe. Seitdem habe ich alles gelesen, was ich über meinen Großvater und die NS-Zeit finden konnte. Der Gedanke an ihn verfolgt mich, pausenlos muss ich an ihn denken. Sehe ich ihn als Großvater oder eher als historische Figur? Er ist beides für mich: der Płaszów-Kommandant Amon Göth und mein Großvater.

Als Jugendliche interessierte ich mich sehr für den Holocaust. Mit meiner Münchner Schulklasse besuchte ich das KZ Dachau. Ich verschlang Bücher über den Nationalsozialismus: «Als Hitler das rosa Kaninchen stahl», «Ein Stück Himmel», «Das Tagebuch der Anne Frank». Ich sah die Welt mit den Augen von Anne Frank, fühlte ihre Angst, aber auch ihren Lebensmut und ihre Hoffnung.

Die Geschichtslehrer an meinem Gymnasium zeigten uns Dokumentationen über die Befreiung der Konzentrationslager, wir blickten auf Menschen, die nur noch Skelette waren. Ich las und las, wollte wissen, was die Täter trieb, wie Menschen so handeln können. Irgendwann gab ich auf: Es gab Erklärungen, ja, aber ich würde es niemals ganz verstehen. Das Thema war für mich erst einmal abgehakt, ich beschloss: Ich hätte mich nicht so verhalten. Ich bin anders. Die Deutschen sind jetzt anders.

Während meiner ersten Zeit in Israel, mit Anfang 20, las ich noch einmal viel zum Nationalsozialismus. Aber selbst dort, wo ich täglich den Opfern und ihren Kindern und Enkeln begegnete, gab es bald wichtigere Themen. Ich hatte so viel gelesen, so viele Leute dazu befragt. Es schien mir, als wüsste ich alles über den Holocaust. Mich interessierte viel mehr das Hier und Jetzt: der Konflikt mit den Palästinensern, die Kriegsgefahr.

Ich dachte, ich wüsste Bescheid, aber nun, mit knapp vierzig, fange ich wieder von vorne an.

Unter den ersten Büchern, die ich lese, ist ein Klassiker aus dem Jahr 1967: «Die Unfähigkeit zu trauern» von Alexander und Margarete Mitscherlich. Ich mag die Herangehensweise der beiden: Sie blicken ins Innere des Menschen, versuchen zu verstehen, ohne zu richten. Als Psychoanalytiker hatten sie immer wieder mit Patienten zu tun, die vor 1945 in der SS oder anderen Naziorganisationen aktiv waren. Reue oder Scham schienen diese Menschen nicht zu empfinden: Sie und die anderen Deutschen lebten normal weiter, als hätte es das «Dritte Reich» nie gegeben. Mit dem Wissen um meine Familiengeschichte lese ich das Buch, denke dabei an meine Großmutter, die die Taten Amon Göths leugnete bis zum Schluss.

Heute gilt nicht mehr, was die Mitscherlichs Ende der sechziger Jahre schlussfolgerten: Die deutsche Vergangenheit war verleugnet und die eigene Schuld verdrängt worden; eigentlich hätte die gesamte Nation auf die Couch gehört.

Ich lese auch die Bücher anderer Nazi-Nachkommen, von Richard von Schirach, Sohn des Reichsjugendführers Baldur von Schirach, oder Katrin Himmler, Großnichte des SS-Führers Heinrich Himmler. Ihre Familiengeschichten interessieren mich, und ich suche nach Gemeinsamkeiten.

Ich beginne, genauer hinzuschauen, jeden in meinem Umfeld zu hinterfragen: Der Wiener Stiefvater meiner Adoptivmutter war mit Erwin Rommel in Afrika. Bei langen Bergwanderungen mit uns Kindern hat er Anekdoten aus dieser Zeit erzählt, spannende Abenteuergeschichten von aufrechten Kämpfern in der Wüste: wie sie morgens Wasser tranken, das sich auf den Zeltplanen gesammelt hatte. Wie sie einmal ein Auto aus den Sanddünen ausbuddeln mussten. Erst glaubten wir, der «Wiener Opa», wie wir ihn nannten, sei der persönliche Fahrer von Rommel gewesen. Er war aber nur Fahrer im deutschen Afrikakorps, sagte er. Irgendwann hatte ihn dann «der Engländer g'fangt», erzählte er in seinem Wiener Dialekt von seiner Kriegsgefangenschaft.

Nur eine Schauergeschichte gab es: Im Krieg, so der Wiener Opa, sei ein Soldat ermordet worden, der Kopf wurde ihm abgeschlagen, und danach lief er noch eine Weile ohne Kopf in der Gegend herum, wie ein aufgeregtes Huhn. Bei dieser Geschichte gruselten wir Kinder uns immer wieder gern.

Über seinen Chef fand der Wiener Opa nur lobende Worte. Rommel, der schlaue Wüstenfuchs, ein anständiger Nazi? Eine Legende. Was hat meine Adoptivfamilie verdrängt?

Ich erinnere mich wieder an Diskussionen mit meinem Adoptivvater. Er war sozial engagiert, politisch links und in der Friedensbewegung aktiv. Beim Thema Holocaust aber ließ ihn die Frage nicht los, ob denn die Zahl der Ermordeten wirklich korrekt sei, ob es nicht weniger gewesen seien. Mit Freunden stritt er sich heftig darüber. Meine Adoptivbrüder und ich fanden diese Diskussion unnötig und verstanden nicht, warum meinem Adoptivvater der Punkt so wichtig war.

Ich bin mir plötzlich nicht mehr sicher: Bin ich wirklich so anders, liegt wirklich alles hinter uns? Was bedeutet es für mich, für unsere Zeit, dass mein Großvater ein Kriegsverbrecher war?

Meine Wahrnehmung verändert sich: Ereignisse, die sich vor langer Zeit zugetragen haben, sind plötzlich wieder ganz nah. Ich habe in den letzten Monaten so viel gelesen, so viele Filme gesehen, es scheint alles so unmittelbar. Für mich ist sie ja auch ganz frisch, ganz neu – diese alte Geschichte. Oft, beim Eintauchen in die Welt meines Großvaters, scheint es mir, als seien seine Verbrechen erst gestern geschehen.

Jetzt stehe ich in Krakau in dieser verrotteten Villa. Ich weiß noch nicht genau, was ich eigentlich hier will. Von diesem Haus, von dieser Stadt. Macht es wirklich Sinn, hier zu sein? Ich weiß nur, dass ich jetzt nach Krakau musste. Kurz zuvor bin ich im Krankenhaus gewesen, ich hatte eine Fehlgeburt.

Ich fühle mich erschöpft und traurig. Mein Therapeut hat mir davon abgeraten, in diesem Zustand nach Krakau zu fahren. Aber ich wollte diese Reise unbedingt machen. Zuerst bin ich nach Warschau geflogen und dann mit dem Zug weiter nach Krakau gefahren. In die Stadt, in der mein Großvater berüchtigt war. Auf die es Asche rieselte, als er gegen Kriegsende die Überreste Tausender Toter verbrennen ließ.

Ich will sehen, wo mein Großvater gemordet hat. Ihm ganz nahe kommen – und dann Abstand gewinnen.

Der alte Mann zeigt jetzt mit großer Geste auf das Wohnzimmer im Erdgeschoss. Hier fanden die Feste statt. Hier saßen sie, mein Großvater und die anderen Nazis, tranken Schnaps und Wein, Oskar Schindler war auch dabei. Der alte Mann führt mich auf die Terrasse. Er sagt, dass mein Großvater das Haus umgebaut hat, Balkone und Terrassen neu anlegen ließ. Der Ausblick ins Grüne sei ihm wichtig gewesen.

Das Haus muss einmal hübsch gewesen sein, der Stil gefällt mir. Hatte mein Großvater selbst die Umbauten entworfen? Interessierte er sich für Architektur, so wie

Die ehemalige Kommandantenvilla von Amon Göth in Płaszów, 1995

ich? Warum denke ich jetzt überhaupt darüber nach, ob wir einen ähnlichen Geschmack haben? Amon Göth ist kein Großvater, bei dem man Gemeinsamkeiten sucht. Seine Taten drücken alles weg. Im Buch über meine Mutter habe ich gelesen, dass meine Großmutter auch noch lange nach dem Krieg von Amon Göths Tischmanieren schwärmte. Ein feiner Mann sei er gewesen.

*

Ein KZ-Kommandant, der großen Wert auf Tischmanieren legte.

Emilie Schindler, die Frau Oskar Schindlers, sagte später über Amon Göth, er sei «eine gespaltene Persönlichkeit» gewesen: «Einerseits trat er als Kavalier auf, wie jeder Wiener, andrerseits setzte er die ihm unterstellten Juden pausenlosem Terror aus … Er war fähig, kaltblütig zu töten und gleichzeitig jeden falschen Ton auf einer der klassischen Schallplatten wahrzunehmen, die er ununterbrochen hörte.»

Amon Leopold Göth wurde am 11. Dezember 1908 in Wien geboren, als einziges Kind einer katholischen Verlegerfamilie. Seine Eltern Bertha und Amon Franz Göth gaben ihm den Vornamen, den auch schon sein Vater und sein Großvater trugen: Amon. Bei den alten Ägyptern hieß so der widderköpfige Gott der Fruchtbarkeit. Amon ist auch ein hebräischer Name, dort bedeutet er «treuer Arbeiter» oder auch «Sohn meines Volkes». Im Alten Testament war Amon ein König von Juda, der den Götzen opferte und von seinen Dienern ermordet wurde.

Amon Göths Eltern stammten beide aus einfachen Verhältnissen, aber sie waren durch einen Buchvertrieb zu Geld gekommen, konnten sich eine Wohnung in einem bürgerlichen

Viertel, ein Dienstmädchen und bald auch ein Auto leisten. Die Göths verkauften religiöse Literatur, Heiligenbilder und Ansichtskarten. Später wurden sie auch verlegerisch tätig, gaben militärhistorische Bücher heraus, in denen die Opfer des Ersten Weltkriegs beklagt wurden. Amon Göths Vater war viel auf Dienstreisen, seine Mutter führte den Verlag, auf den kleinen Sohn passte meist seine kinderlose Tante auf.

Amon, genannt «Mony», besuchte eine private katholische Volksschule. Er war kein guter Schüler. Seine Eltern schickten ihn schließlich aufs Land, in ein strenges katholisches Internat. Der Historiker und Göth-Biograph Johannes Sachslehner stellt die Vermutung an, dass Göths späterer «Hang zu seltsamen sadistischen Scherzen» aus den Erfahrungen dieser Zeit stammen könnte, Belege dafür gibt es nicht.

Amon Göth brach das Internat nach der zehnten Klasse gegen den Willen seiner Eltern ab. Schon als Siebzehnjähriger begeisterte er sich für rechtsnationale Ideen und trat faschistischen Jugendorganisationen bei. Er war sportlich und draufgängerisch – Eigenschaften, die bei seinen neuen Freunden gut ankamen.

1931 wurde er Mitglied der NSDAP, bald darauf der SS.

Heinrich Himmlers Schutzstaffel, zuständig auch für Menschenversuche und Massenmord in den Konzentrationslagern, galt als Eliteeinheit: «Die Besten der Besten, mehr Nazi ging nicht», brachte der Journalist Stephan Lebert einmal den Geist dieser Truppe auf den Punkt. Der Schriftsteller Hans Egon Holthusen schrieb 1966 in seinem autobiographischen Bekenntnis «Freiwillig zur SS»: «Die schwarzuniformierte Organisation mit dem Totenkopfemblem ... galt als eine Auslese, sie galt als chic, galt als elegant, und darum wurde sie von vielen exklusiv eingestellten Jünglingen bevorzugt, weil sie sich zu fein waren, in der ‹kackbraunen› Kluft der SA herumzulaufen.»

Auch der junge Amon Göth, erfolglos in der Schule, von seinen Eltern permanent unter Druck gesetzt, konnte sich bei der SS als etwas Besseres fühlen. Später erzählte er seiner Lebensgefährtin Ruth Irene Kalder, dass seine Eltern ihn als Kind vernachlässigt hätten und er den bürgerlichen Werten, zu denen sie ihn erziehen wollten, den Rücken zugewandt habe. Zwar kehrte er für kurze Zeit ins Familienunternehmen zurück, verlegte mit seinem Vater erfolgreich Militärliteratur, heiratete sogar eine Frau, die ihm die Eltern präsentierten und die er nicht liebte. Doch diese «arrangierte Ehe» war auch bald wieder geschieden.

Ein SS-Mann sollte jedoch eine Familie gründen, und so heiratete Amon Göth ein zweites Mal, die sportliche Tirolerin Anna Geiger, die er bei einem Motorradrennen kennengelernt hatte. Weil das Ziel der Heirat vor allem die Zeugung gesunder, «arischer» Nachkommen war, musste sich das Paar vor der Trauung noch einer Reihe von Tests für die SS unterziehen und zum Beispiel in Badehose und Badeanzug fotografieren lassen, um körperliche Makellosigkeit zu demonstrieren. Getraut wurden sie von einem SS-Mann. Bald bekam Anna Göth einen Sohn, doch das Baby starb mit wenigen Monaten.

Kurz darauf, im März 1940, meldete sich Amon Göth bei der Waffen-SS zum Dienst und verließ Wien in Richtung Polen. Er war ehrgeizig, stieg rasch auf. Zuerst war er nur mit Verwaltungsaufgaben betraut. In einer Beurteilung von 1941 heißt es über ihn, er sei ein «opferfreudiger, einsatzbereiter SS-Mann», «zum SS-Führer geeignet», und auch das «rassische Gesamtbild» stimme. 1942 erhielt Amon Göth im polnischen Lublin den Auftrag, Arbeitslager auszubauen, damit jüdische Zwangsarbeiter untergebracht werden konnten.

1943 hielt Heinrich Himmler seine berüchtigte Rede vor SS-Führern, in der er eine Ideologie der Menschenverachtung propagierte: «Ob die anderen Völker in Wohlstand leben oder ob sie verrecken vor Hunger, das interessiert mich nur soweit, als wir sie als Sklaven für unsere Kultur brauchen ... Ob bei dem Bau eines Panzergrabens 10 000 russische Weiber an Entkräftung umfallen oder nicht, interessiert mich nur so weit, als dass der Panzergraben für Deutschland fertig wird ... Ich will hier ... auch ein ganz schweres Kapitel erwähnen ... Ich meine jetzt die Judenevakuierung, die Ausrottung des jüdischen Volkes ... Von euch werden die meisten wissen, was es heißt, wenn 100 Leichen beisammen liegen, wenn 500 daliegen oder wenn 1000 daliegen. Dies durchgehalten zu haben und dabei – abgesehen von Ausnahmen menschlicher Schwächen – anständig geblieben zu sein, das hat uns hart gemacht.»

Amon Göth stellte seine Härte bald unter Beweis. Bei der SS lernte er das Töten.

*

Im ersten Stock sperrt der alte Mann das ehemalige Schlafzimmer auf. Aus der Decke ragen Haken. Dort soll Amon Göth seine Turnübungen gemacht haben, behauptet der Rentner. Vielleicht, fährt er fort und zwinkert mir dabei zu, habe dort aber auch eine Liebesschaukel gehangen.

Ich trete hinaus auf den Balkon, blicke auf mit Gestrüpp überwucherte Hügel. Kalter Wind bläst mir ins Gesicht. Es ist ein regnerischer Oktobertag. In der Nähe des Hauses befand sich das Lagergelände, gesichert mit

Stacheldraht und Wachtürmen. Mein Großvater hatte seine Gefangenen im Blick, morgens waren es für ihn nur ein paar Schritte zur Arbeit. Dieses unscharfe Foto von Amon Göth auf dem Buch über meine Mutter: Sein geöffneter Mund, der nackte Oberkörper, das Gewehr in der Hand, nur mit Shorts bekleidet steht er auf dem Balkon. Wer hat das Foto gemacht? Meine Großmutter? Amon Göth soll stolz auf seine Schusswaffen gewesen sein, er trug sie gerne bei sich. Imponierte das meiner Großmutter, oder flößte es ihr Angst ein? Was wusste sie? Was hat sie verdrängt? Ich kann mir nicht vorstellen, dass sie in diesem Haus gelebt und nicht mitbekommen hat, was im Lager geschah. Amon Göth soll seine Dienstmädchen geprügelt haben. Auch das muss meine Großmutter gesehen oder zumindest gehört haben. So groß ist die Villa ja nicht.

Als ich am Abend zuvor in Krakau ankam, fuhr ich auf dem Weg zum Hotel an der Wawel-Burg vorbei, der ehemaligen Residenz der polnischen Könige hoch über der Weichsel. Von Lichtern angestrahlt lag das Schloss da. Hans Frank, Hitlers Statthalter in Polen, quartierte sich nach dem Einmarsch der Deutschen dort ein, lebte im Luxus, umgeben von Dienstboten, beschäftigte Komponisten und Schachspieler. Ich kann mir vorstellen, wie Frank dort residiert hat, wie mächtig er sich in dieser herrschaftlichen Burg mit Blick über Krakau gefühlt haben muss.

Amon Göths Haus wirkt dagegen so normal, fast bescheiden. Ich hatte es mir größer vorgestellt, pompöser. Es fällt mir schwer, mir vorzustellen, dass hier glanzvolle

Amon Göth auf dem Balkon seiner Villa

Empfänge stattfanden und ein Mann zu Hause war, der Herr war über Leben und Tod Tausender Menschen. Ein Mann, der es genoss, dass er unumschränkte Macht hatte, der diese Macht zynisch inszenierte und zelebrierte.

*

«Ich bin euer Gott», sagte Amon Göth bei seiner Antrittsrede als Kommandant des Lagers Płaszów zu den Häftlingen. «Im Distrikt Lublin habe ich 60 000 Juden erledigt, jetzt ist die Reihe an euch.»

Im polnischen Lublin hatte Amon Göth für Odilo Globocnik gearbeitet, einen für seine Brutalität bekannten SS-Mann, den Heinrich Himmler mit der Ermordung der Juden im besetzten Polen beauftragt hatte. Globocnik führte das aus, was Hans Frank im Dezember 1940 als Ziel so formuliert hatte: «Ich habe freilich in einem Jahr weder sämtliche Läuse noch sämtliche Juden beseitigen können. Aber im Laufe der Zeit ... wird sich das schon erreichen lassen.»

Deportationen und Massenmorde an polnischen Juden waren längst im Gange, als auf der Wannsee-Konferenz am 20. Januar 1942 dann die «Endlösung», die Ermordung der europäischen Juden, strategisch vorbereitet wurde.

Göths Vorgesetzter Odilo Globocnik war mitverantwortlich für den Aufbau von Konzentrationslagern und die Errichtung von Gaskammern. In Absprache mit Adolf Eichmann plante er den fabrikmäßigen Mord an Millionen Menschen. In Polen wurden Vernichtungslager in Betrieb genommen: Belzec, Sobibor, Treblinka.

Schon bald wurde Amon Göth von Odilo Globocnik bei der Räumung von Ghettos eingesetzt. Räumung bedeutete:

Die gesunden Ghetto-Bewohner wurden zur Zwangsarbeit eingeteilt. Alle, die zu schwach und zu krank zum Arbeiten waren, wurden erschossen, auch Kinder und ältere Menschen. Der Historiker Johannes Sachslehner schreibt: «Es sind blutige Menschenjagden, die nach erprobtem Schema ablaufen ... Mittendrin Amon Göth, dem bald leitende Funktionen übertragen werden.»

Spätestens jetzt entdeckte Göth auch die lukrative Seite des Völkermords: Juden, die ihm Wertgegenstände wie Pelze, Porzellan oder Juwelen anbieten konnten, wurden nicht sofort umgebracht, sondern «durften» ins Zwangsarbeitslager.

In dieser Zeit begann Amon Göth wohl auch immer maßloser zu trinken.

Bald bekam der ehrgeizige Göth neue Aufgaben: Er sollte die Auflösung des Krakauer Ghettos leiten und ein Arbeitslager in Płaszów aufbauen. An Freunde und den Vater in Wien schrieb er: «Jetzt bin ich endlich mein eigener Kommandeur.»

Am 13. und 14. März 1943 ließ Göth das Krakauer Ghetto räumen. Etwa 1000 Menschen werden an diesen zwei Tagen ermordet, rund 4000 deportiert, viele nach Auschwitz.

Die Überlebenden ließ Amon Göth in sein Reich bringen: Płaszów, erst Arbeits-, später Konzentrationslager. 80 Hektar war das Lager groß. Die deutschen Besatzer hatten es auf jüdischen Friedhöfen erbaut. Auf den zerstörten Gräbern errichteten sie die Baracken, mit den Grabsteinen pflasterten sie die Lagerstraßen.

*

Der alte Mann führt mich in den Keller. «Hier lagerte der Kommandant den Wein», sagt er. Dann zeigt er voller

Stolz auf eine verrostete Wanne: «Die authentische Badewanne von Amon Göth.»

Gegenüber dem Weinkeller befand sich das Zimmer der Dienstmädchen, daneben lag die Küche. Hier im Keller war also Helens Platz: Helen Rosenzweig, so heißt das ehemalige jüdische Dienstmädchen Amon Göths aus dem amerikanischen Dokumentarfilm, den ich gleich am Tag nach der Entdeckung des Buches im Fernsehen gesehen habe.

Helen Rosenzweig hatte meine Mutter hier in diesem Haus getroffen. Letztlich eine traurige Begegnung: Helen Rosenzweig ist schockiert, weil meine Mutter Amon Göth so ähnlich sieht. Obwohl sich beide, Helen und meine Mutter, bemühen, können sie keine Beziehung zueinander aufbauen, die Geschichte steht zwischen ihnen. Helen erblickt in meiner Mutter Amon Göth.

Als meine Mutter im Film versucht, Erklärungen für Amon Göths Taten zu finden, stößt Helen wütend hervor: «Er war ein Monster. Er lächelte und pfiff, wenn er vom Töten kam. Er hatte den Drang zu töten, wie ein Tier. Das war doch offensichtlich.»

Mein Bruder Matthias hat mir später den Dokumentarfilm auf DVD mitgebracht, sodass ich ihn mir immer wieder anschauen konnte. Erst achte ich nur auf meine Mutter, beobachte sie genau, lese in ihrem Gesicht, deute ihre Worte. Helen nehme ich nur am Rande wahr. Zu Beginn des Films schickt meine Mutter Helen einen Brief und bittet darin um ein Treffen. Sie schreibt, dass sie sich vorstellen könne, dass Helen sich vor dieser Begegnung fürchte – auch sie habe Angst davor, ihr gegenüberzutreten.

Anfangs interessiere ich mich nicht so sehr für den Inhalt des Briefes. Ich denke nur: Wieso nimmt sich meine Mutter die Zeit, einen Brief an Helen zu verfassen? Wieso schreibt sie nicht mir? Wieso fühlt sie mit Helen mit, aber nicht mit ihrem eigenen Kind?

Erst nach und nach treten meine Gefühle in den Hintergrund, und plötzlich sehe ich Helen: wie sie nach all den Jahrzehnten wieder voller Angst in diese Villa geht, die für sie ein schreckliches Gefängnis gewesen war. Wie die Erinnerungen sie immer noch quälen. Sie erzählt, wie Amon Göth seine Dienstmädchen prügelte, sie diese Treppen hier hinunterstieß, sie anschrie: «Schlampe, Hure, dreckige Jüdin.»

Helens jüdischer Freund gehörte einer Widerstandsgruppe im Lager an und wurde von Göth erschossen. Helen erzählt auch von dem Mann, den sie nach Kriegsende liebte, ein Lagerüberlebender wie sie. Sie waren fünfunddreißig Jahre verheiratet, zogen nach Florida, hatten Kinder. Doch ihr Mann konnte das Lager einfach nicht vergessen, und eines Tages brachte er sich um. In seinem Abschiedsbrief stand: «Die Erinnerungen verfolgen mich jeden Tag. Ich kann nicht mehr.»

Ich stehe im Keller meines Großvaters, im dunklen Zimmer von Helen, nur durch ein schmales Fenster dringt das Licht, und man sieht ein wenig Garten. Sie hatte es warm hier, sie schlief nicht auf Stroh in einer zugigen Baracke und hatte sicher auch mehr zu essen als die anderen Häftlinge. Sie musste keine schwere Arbeit im Steinbruch leisten wie die meisten anderen Frauen im Lager, sie trug ein schwarzes Kleid und eine weiße Schürze und servierte

Braten und Wein. Und sie lebte unter einem Dach mit einem Menschen, der sie jederzeit töten konnte. Sie dachte, sie würde in diesem Haus sterben.

*

«Wer Göth sah, hat den Tod gesehen», sagte ein Überlebender. Das Lager Płaszów wurde Amon Göth zur Bühne für seine Grausamkeit.

Es gibt viele Berichte von Zeitzeugen darüber. Göths jüdischer Schreiber Mietek Pemper beschrieb, wie der Kommandant einmal mitten im Diktat plötzlich zum Gewehr griff, das Fenster öffnete und auf Häftlinge schoss. Pemper hörte Schreie, dann kam Göth zum Schreibtisch zurück und fragte in unverändert ruhigem Ton: «Wo waren wir stehengeblieben?»

Wenn Amon Göth jemanden ermordet hatte, ließ er anschließend auch dessen Verwandte umbringen, weil er keine «unzufriedenen» Menschen im Lager sehen wollte.

Stella Müller-Madej, ehemals Häftling in Płaszów, schreibt in ihren Erinnerungen über Göth: «Wenn ihm jemand nicht gefällt, packt er ihn bei den Haaren und erschießt ihn auf der Stelle. Er ist ein Hüne, eine mächtige, imposante Erscheinung mit schönen, sanften Gesichtszügen und einem noch sanfteren Blick. So also sieht ein grausames, mörderisches Ungeheuer aus! Wie ist das nur möglich?»

Mit öffentlich zelebrierten Hinrichtungen versuchte Göth, den Häftlingen jeden Gedanken an Flucht oder Widerstand auszutreiben. Wenn er Menschen am Appellplatz erhängen oder erschießen ließ, wurde Schlagermusik dazu gespielt. Größere Menschengruppen wurden meist ein Stück entfernt an einem Hügel erschossen, darunter lag die Grube für die Leichen.

Das Lager Płaszów wuchs, die Häftlinge stammten längst nicht mehr nur aus dem Krakauer Ghetto. Überlebende aus anderen Ghettos, polnische Häftlinge, Roma und Sinti aus anderen Lagern sowie ungarische Juden kamen hinzu. Zeitweilig waren über 20 000 Häftlinge im KZ Płaszów untergebracht. Rund 180 Baracken gab es, umgeben von vier Kilometer Stacheldraht.

Amon Göth wurde innerhalb der SS zum Hauptsturmführer ernannt, ein ungewöhnlich schneller Aufstieg. Er bereicherte sich an den Habseligkeiten der Häftlinge und führte ein Leben im Luxus. Von einem jüdischen Schuster ließ er sich jede Woche neue Schuhe maßfertigen, von einem Konditor Torten backen, bis er fett wurde. In seiner Villa gab er Partys: Alkohol, Musik und Frauen sollten die SS-Leute bei Laune halten. Göth besaß Reitpferde und mehrere Autos, gern ritt er auf seinem Schimmel durchs Lager oder raste mit seinem BMW um die Kurven.

Seinem Schreiber Mietek Pemper diktierte Göth auch die Briefe an die Familie in Wien. Den Alltag im Lager sparte er dabei aus, erkundigte sich beim Vater nach den Verlagsgeschäften, bei seiner Frau nach den Kindern: Anna Göth hatte noch die Kinder Ingeborg und Werner geboren. Als Amon Göth hörte, dass Werner seine Schwester Ingeborg schlage, diktierte er in einem Brief an seine Frau Anna: «Das Schlagen, das hat der Werner wohl von mir.»

Zeitzeugen berichteten, dass Göth je nach Tageslaune unterschiedliche Accessoires trug: Griff er zu weißen Handschuhen oder Schal, dazu Schirmmütze oder Tirolerhut, mussten die Häftlinge das Schlimmste befürchten. Seine beiden Hunde, eine Dogge und einen Schäferhundmischling, nannte er

Rolf und Ralf und richtete sie darauf ab, auf Befehl Menschen anzufallen.

1944 ließ Göth Kinder aus dem Lager Płaszów auf Lastwagen treiben – zum Transport in die Gaskammern von Auschwitz. Dabei ließ er einen Walzer spielen, um die verzweifelten Rufe der Eltern zu übertönen.

Man könnte es auch so sagen: Amon Göth war perfekt für Hollywood. So wie Adolf Eichmann lange als Inbegriff des gefühl- und verantwortungslosen Schreibtischtäters galt, so taugt Amon Göth als die bis ins Groteske übersteigerte Verkörperung des sadistischen Mörders. Das Bild des schießwütigen KZ-Kommandanten, begleitet von seinen beiden auf Menschen abgerichteten Rüden – es wirkt wie ein düsterer Archetypus, wie eine Vorlage zu Paul Celans Gedicht «Todesfuge». Steven Spielberg zeigt Amon Göth als zerquälten Psychopathen, grausam und dabei doch fast lächerlich.

Andere Film- und Fernsehbeiträge über Amon Göth sind meist mit unheilsschwangerer Musik unterlegt. Dabei brauchen seine Verbrechen eigentlich keine Untermalung.

So ungeheuerlich waren Amon Göths Taten, dass es leicht scheint, sich davon abzugrenzen. Der israelische Historiker und Journalist Tom Segev schreibt in seiner Dissertation über KZ-Kommandanten: «Sie waren mitnichten Deutsche wie alle anderen Deutschen und noch nicht einmal Nazis wie alle anderen Nazis. Nicht die Banalität des Bösen ist es, was sie kennzeichnet, sondern vielmehr ihre innere Identifikation mit diesem Bösen. Die meisten Lagerkommandanten gehörten der Nazibewegung schon sehr früh an …; von Anfang an haben sie die braune Politik vehement unterstützt. Der Großteil der Deutschen trat der NSDAP noch nicht einmal bei.»

Häufig ritt Göth auf seinem Schimmel durch das Lager

Vielleicht ist Segevs Analyse aber trotzdem zu einfach: Aus gutem Grund wehrte sich der Literaturkritiker und Holocaust-Überlebende Marcel Reich-Ranicki am Beispiel Adolf Hitlers dagegen, dass bekannte Nationalsozialisten in Filmen nur als Monster gezeigt werden. Natürlich war Hitler ein Mensch, sagte Reich-Ranicki, und fügte hinzu: «Was soll er denn sonst gewesen sein, etwa ein Elefant?»

Es ist sehr leicht, die prominenten Nationalsozialisten zu dämonisieren. Sie anzuschauen wie die Tiere im Zoo: Sind die brutal und pervers! Auf diese Weise muss man sich nicht mit sich selbst befassen, mit der eigenen Familie – und mit den vielen Menschen, die im Kleinen mitmachten: denjenigen, die den Juden im Haus nicht mehr grüßten oder schnell und ohne hinzuschauen weitergingen, wenn Juden verprügelt und ihre Geschäfte zerstört wurden.

*

Sie nannten Amon Göth den Schlächter von Płaszów. Ich frage mich immer wieder, wie er so werden konnte. Ich glaube nicht, dass es an seiner Kindheit lag oder am Judenhass. Ich denke, es war viel banaler: Das Töten war in dieser Männerwelt ein Wettkampf, eine Art Sport. Irgendwann war die Ermordung eines Menschen dann nur noch wie das Töten einer Fliege. Am Ende steht die komplette Abstumpfung, der Tod hatte Unterhaltungswert.

Es gibt ein Schreckensbild, das mich anfangs bis in meine Träume verfolgte: Amon Göth soll einmal eine Jüdin, die in einem großen Trog Kartoffeln für die Schweine kochte, dabei ertappt haben, wie sie aus Hunger eine der Kartoffeln selber aß. Darauf schoss er ihr in den Kopf und befahl zwei Männern, die immer noch lebende Frau ins kochende Wasser zu den Kartoffeln zu werfen. Ein Mann weigerte sich, Göth erschoss auch ihn. Ich weiß nicht, ob diese Geschichte wirklich wahr ist, aber ich sehe diese halbtote Frau vor mir, wie sie in der heißen Brühe zappelt.

Wie Amon Göth sich über andere erhob, Hinrichtungen mit Musik untermalte, Schals und Mützen als Requisiten des Tötens einsetzte, wie er sich hier in dieser kleinräumigen, armseligen Villa aufspielte – es wäre skurril, wenn es nicht so traurig wäre. Er hatte eine narzisstische Persönlichkeit – aber nicht nur in dem Sinne, dass er selbstverliebt gewesen wäre. Er war ein Narzisst, der sich großartig fühlte, wenn er andere erniedrigte und entwürdigte.

Ich habe gelesen, wie meine Großmutter ihn immer idealisiert hat: Amon Göth, ein stattlicher Mann, ihr Traummann.

Daneben das Bild, das Zeitzeugen von ihm zeichnen: jähzornig, grausam, unbeherrscht. Die Hunde. Die übersteigerte Männlichkeit: herrschen, bestimmen. Uniform, Disziplin, Vaterland.

Meine Mutter hat immer auch den Vater in ihm gesehen, nicht nur den KZ-Kommandanten. Sie steht ihm viel näher, auch wenn sie ihren Vater nicht kennengelernt hat: Sie war noch ein Baby, da wurde er gehenkt. Immer wieder haben Überlebende ihr gesagt, wie ähnlich sie ihm sehe. Wie furchtbar muss das für sie gewesen sein.

Bin ich ihm ähnlich? Durch meine Hautfarbe grenze ich mich von ihm ab. Ich stelle mir vor, ich hätte neben ihm gestanden. Beide sind wir groß. Ich mit meinen

1,83 Metern. Er maß 1,93 Meter, für die damalige Zeit war er ein Riese.

Er in seiner schwarzen Uniform mit den Totenköpfen, ich, das schwarze Enkelkind. Was hätte er zu einer dunklen Enkeltochter gesagt, die noch dazu Hebräisch spricht? Ich wäre für ihn nur ein Schandfleck gewesen, ein Bastard, der die Familienehre beschmutzt. Mein Großvater hätte mich bestimmt erschossen.

Meine Großmutter hat sich nie an meiner Hautfarbe gestört. Sie freute sich immer, wenn ich zu Besuch kam. Auch wenn ich damals noch so klein war: Kinder spüren, ob jemand sie mag. Und sie mochte mich. Sie ist mir so nah. Aber sie hat auch Amon Göth umarmt, wenn er vom Töten zurückkam. Wie konnte sie mit ihm Tisch und Bett teilen? Sie sagte, sie hat ihn geliebt. Soll das reichen als Entschuldigung? Reicht es mir? War denn irgendetwas an Amon Göth liebenswert, darf man darüber überhaupt nachdenken?

Blicke ich in den Spiegel, sehe ich zwei Gesichter. Seins und meins. Und noch ein drittes: das meiner Mutter.

Das energische Kinn haben wir alle drei. Die gleichen Falten zwischen Nase und Mund.

Die Körpergröße, die Gesichtsfalten – sie sind nur das Äußere. Aber wie sieht es in mir aus? Wie viel Amon Göth steckt in mir? Wie viel Amon Göth steckt in jedem von uns?

Ich glaube, dass wir alle Anteile von Amon Göth in uns tragen. Würde ich glauben, bei mir seien es mehr, so würde ich wie ein Nazi denken und an die Macht des Blutes glauben.

Plötzlich, in die Stille hinein, sagt Malgorzata, die Polin, die in der Villa für mich dolmetscht, dass sie einmal die Tochter von Amon Göth kennengelernt habe, Monika Göth. Ich frage nach, sie erzählt: Meine Mutter habe zusammen mit einer polnischen Schulklasse die Villa besucht. Noch ein zweiter Nazi-Nachkomme war dabei: Niklas Frank – der Sohn von Hans Frank, unter Hitler Generalgouverneur im besetzten Polen.

Malgorzata weiß ja nicht, wer ich bin. Ich frage, welchen Eindruck sie von meiner Mutter hatte. «Ich fand sie merkwürdig – und traurig», antwortet Malgorzata: «Niklas Frank und Monika Göth, die konnten beide nicht lachen.» Dann erzählt sie: Hier in diesem Haus habe Monika Göth einen Türpfosten berührt und gesagt, dass sie ihren Vater liebe.

Die Hand meiner Mutter an der Tür. Aus Hunderten von deutschsprachigen Stadtführern in Krakau habe ich ausgerechnet diejenige herausgesucht, die meine Mutter getroffen hat.

Ich sage Malgorzata, wer ich bin. Ihre Reaktion: erst ungläubig, dann irritiert und verwirrt. Ich entschuldige mich bei ihr. Um mehr über meine Mutter zu erfahren, habe ich zuerst nachgefragt, ohne meine Identität preiszugeben. Ich hoffe, sie hat Verständnis für meine Situation.

Ich hatte mir fest vorgenommen, noch in diesem Jahr endlich Kontakt zu meiner Mutter aufzunehmen. Das Jahr ist fast vorbei, es ist jetzt Herbst.

Ich will meiner Mutter erst schreiben, wenn ich mich besser darauf vorbereitet fühle.

In dem Dokumentarfilm über ihre Begegnung mit Helen, dem ehemaligen Dienstmädchen Amon Göths, weint meine Mutter immer wieder. Ich sehe, wie sie die Geschichte ihres Vaters belastet. Krakau ist für sie ein besonderer Ort. Ich dachte, ich würde meine Mutter besser verstehen können, wenn ich auch diesen Ort kennenlerne.

Der alte Mann bringt mich und Malgorzata zum Ausgang. Ich schließe die Tür fest hinter mir.

Ich habe noch eine organisierte Tour gebucht: Krakau, auf den Spuren von Oskar Schindler.

Ich nehme ein Taxi und fahre zum Treffpunkt nach Kazimierz, ins ehemalige jüdische Viertel Krakaus. Im Sommer soll Kazimierz malerisch und lieblich sein, jetzt wirkt es düster und dunkel. Die Pflastersteine sind nass vom Regen. Unsere Touristengruppe besichtigt den alten jüdischen Friedhof, eine Synagoge und auch einige Schauplätze aus «Schindlers Liste». Wir sehen idyllische Hinterhöfe und schmale Gassen.

In vielen Restaurants in Kazimierz gibt es «gefillte Fisch», und das Fleisch ist koscher. In liebevoll eingerichteten Cafés läuft rund um die Uhr Klezmer-Musik. Der Rhythmus einer untergegangenen Zeit. Das ganze Viertel hat etwas Museales, Morbides.

Die kleinen engen Gassen und die groben Pflastersteine erinnern mich an Mea Shearim, das Viertel der orthodoxen Juden in Jerusalem. Nur dass in Mea Shearim wirklich Juden wohnen. Der Stadtführer erzählt, dass in Krakau vor dem Zweiten Weltkrieg 70 000 Juden lebten, jetzt sind es nur noch ein paar Hundert. Die meisten Menschen jüdischen Glaubens, die heute durch Kazimierz laufen, sind Touristen. Meine Besuchergruppe besteht aus sechs Leuten, ich möchte wissen, woher sie kommen. Sie antworten: Polen, USA, Frankreich. Woher ich komme, fragen sie. Deutschland, aha! Ach, wie gut, dass niemand weiß, dass ich Göth mit Namen heiß ...

Über meine Familiengeschichte habe ich bisher mit kaum jemandem gesprochen, nur mit meinem Mann, meiner Adoptivfamilie und einer engen Freundin. Nicht, weil ich denke, ich müsse mich dafür schämen, sondern weil ich selbst nicht weiß, wie ich damit umgehen soll. Es fällt mir schwer, mein Wissen zu teilen. Soll ich zu anderen Menschen etwa sagen: «Ach übrigens, ich bin die Enkelin eines Massenmörders.» Meine Geschichte überfordert mich, und ich will jetzt niemanden damit belasten. Noch nicht.

Unsere kleine Reisegruppe geht weiter, über eine Brücke auf die andere Seite der Weichsel, in das an Kazimierz angrenzende Viertel Podgorze. Hier wurden alle jüdischen Bewohner der Stadt in einem Ghetto zusammengepfercht. Durch das Ghetto fuhr noch eine Straßenbahnlinie, die die Bewohner Krakaus in benachbarte Viertel brachte. Im Ghetto durfte niemand ein- oder aussteigen, es gab keine Haltestelle, Türen und Fenster wurden bei der Fahrt versiegelt. Wie war den Krakauern wohl zumute, wenn sie durch dieses Viertel fuhren?

Heute steht am Platz, der früher das Zentrum des Ghettos war, ein großes Bürohaus, auch einen Busbahnhof gibt es hier. Am Rand sind noch Reste der Ghettomauern erhalten. Diese hohen Mauern, die die Menschen umschlossen, besitzen oben Rundbögen, sie wurden in Form jüdischer Grabsteine gebaut. Die Botschaft an die Juden: Hier kommt ihr nicht mehr lebend raus.

Der «Platz der Ghettohelden» erinnert an die Opfer. Dort stehen jetzt leere überlebensgroße Stühle, die ein Gefühl für die Situation nach der Räumung des Ghettos vermitteln sollen: Alles war verwüstet; auf den Straßen war kein Mensch mehr zu sehen, nur noch Möbel und andere Habseligkeiten, die die Juden zurücklassen mussten. Mir ist die Installation zu kühl, zu unkonkret. Bei der Räumung des Ghettos wurden Hunderte von Menschen erschossen. Jeder Stuhl steht für 1000 Juden, die umgebracht wurden. Die Grausamkeiten, die hier begangen wurden, bleiben abstrakt. Aber wie soll man sie auch zeigen? Der Film «Schindlers Liste» ist sehr pointiert, aber trotzdem sagen Überlebende, dass auch er nicht annähernd das Grauen vermittelt, das von Amon Göth ausging.

*

Tadeusz Pankiewicz, ein polnischer Apotheker im Krakauer Ghetto, beschrieb Göth als großen, gutaussehenden Mann mit blauen Augen, in einen schwarzen Ledermantel gekleidet und mit einer Reitpeitsche in der Hand. Während der Räumung des Ghettos habe Amon Göth Müttern ihre kleinen Kinder aus den Händen gerissen und zu Boden geworfen, berichteten Überlebende.

Vor der Räumung lebten im Krakauer Ghetto rund 20 000 Menschen auf engstem Raum und in ständiger Todesangst.

Als Amon Göth das Ghetto am 13. und 14. März 1943 auf-

In Krakau vor den Mauern des ehemaligen jüdischen Ghettos

lösen ließ, waren die Menschen im Ghetto bereits auf zwei Bereiche aufgeteilt worden: In Ghetto A wohnten die, die fürs Erste überleben durften – sie waren als arbeitsfähig eingestuft worden und sollten ins Lager Płaszów transportiert werden. In Ghetto B, von Ghetto A durch Stacheldraht getrennt, lebten Alte, Kranke und Kinder, sie sollten umgebracht werden.

Keiner sollte entkommen. Göths Leute durchkämmten die Gassen, suchten in jeder Wohnung, unter jedem Bett. In den Krankenhäusern wurden die Patienten in ihren Betten erschossen. Tadeusz Pankiewicz beschrieb die Szenerie nach der Auflösung des Ghettos so: «Es sieht aus wie auf einem Schlachtfeld – Tausende Pakete, verlassene Gepäckstücke ... auf dem vom Blut nassen Asphalt.»

*

Wir gehen weiter. Es regnet, wir müssen uns immer wieder unterstellen. Eine nette ältere Dame nimmt mich mit unter ihren Schirm. Durch eine zugige Unterführung gehen wir in ein Industriegebiet. Vor einem grauen, dreistöckigen Verwaltungsgebäude aus den 1930er Jahren bleiben wir stehen: Die ehemalige Emaillefabrik von Oskar Schindler in der Lipowa-Straße.

Heute erinnert ein Museum an ihn. Wir besichtigen die Ausstellung. Sie zeigt zunächst das Krakau zu Beginn der 30er Jahre. Auf den Fotos sind Frauen beim Spaziergang und Männer auf dem Weg zur Synagoge zu sehen. Dann werden der deutsche «Blitzkrieg» gegen Polen und die sofort folgende Ausgrenzung der Juden dargestellt. Ein Foto zeigt deutsche Soldaten, die einem orthodoxen Juden mit einem Messer die Schläfenlocken absäbeln.

Ich fühle mich müde und schlapp. Seit dem frühen Morgen bin ich auf den Beinen. Am liebsten würde ich mich ausruhen, mich irgendwo hinsetzen, aber der Stadtführer redet die ganze Zeit. Ich werde immer unkonzentrierter und kann mir keine Details mehr merken.

Im letzten Raum des Museums ist das Lager Płaszów nachgebaut. Kleine Modellbaracken, auch die Villa meines Großvaters ist zu sehen. Ich schaue genau hin: Wieder sieht man, wie nahe am Lager und an den Häftlingsbaracken Göths Villa lag. Die Erklärungen meiner Großmutter werden für mich immer unglaubwürdiger.

Oskar Schindler selbst kommt in der Ausstellung nur kurz vor. Seine Geschichte wird anhand von Fotos, Dokumenten und Originalmöbeln erzählt. In einem Raum befindet sich ein großer durchsichtiger Würfel, gefüllt mit Blechtöpfen, Schüsseln und Tellern, die damals in seiner Fabrik produziert wurden. Diese Installation soll die Geschichte des Unternehmers und seiner Arbeiter symbolisieren. Im Inneren hängen die Namen von rund 1200 jüdischen Zwangsarbeitern, denen Schindler das Leben rettete.

Am Ende der Ausstellung liegen zwei Bücher mit Namen aus, ein weißes und ein schwarzes. Das weiße für die geretteten, das schwarze für die getöteten Juden. Zwei Bücher, die für zwei Optionen stehen: helfen oder morden. Oskar Schindler oder Amon Göth. Ich mag die simple Trennung in Gut und Böse nicht.

Viele Juden überlebten im Untergrund dank der Hilfe von Verwandten, Freunden oder Arbeitskollegen. An diese «stillen Helden» wird zu wenig gedacht. Oskar Schindler war bestimmt kein Gutmensch, sondern eine schillernde Persönlichkeit. Es fällt mir schwer, mir ein Bild von ihm zu machen.

*

Oskar Schindler und Amon Göth, beide gleich alt, beide mit einem Faible für Alkohol, Partys, Frauen.

Beide wurden vermögend durch die Judenverfolgung: Göth, indem er Juden ausraubte und umbrachte, ihnen alles nahm. Schindler, indem er eine Fabrik in Krakau übernahm, deren jüdische Besitzer enteignet worden waren, und dort Juden aus Göths Lager als billige Arbeitskräfte einsetzte.

Oskar Schindler, der als Agent für die deutsche Spionageabwehr in Polen gearbeitet hatte, war zunächst ein Kriegsgewinnler, einer, der nach Krakau kam, um hier Geld zu machen. Später gab er einen Großteil des verdienten Vermögens wieder aus – um Juden zu retten.

Amon Göth und Oskar Schindler, der Kommandant und der Fabrikant, verstanden sich gut. Oskar Schindler brauchte billige jüdische Arbeiter und war deshalb angewiesen auf das Wohlwollen Amon Göths. Oskar Schindler duzte «Mony», brachte ihm Geschenke und stellte ihm hübsche Frauen vor, darunter auch Ruth Irene Kalder, die Göths feste Freundin wurde.

Helen Rosenzweig, jüdisches Dienstmädchen in der Villa in Płaszów, erzählte, dass Amon Göth glaubte, Oskar Schindler sei sein bester Freund. Auch sie habe das gedacht. Schindler habe ihr zwar immer wieder versprochen, sie zu retten. «Aber dann kam er wieder in seiner braunen Nazi-Uniform und feierte mit Göth wüste Orgien.» Es habe auch andere Fabrikbesitzer gegeben, die ihren jüdischen Arbeitern halfen und auf Göths

Wohlwollen angewiesen waren. Sie hätten trotzdem nicht bei Göths Gelagen mitgemacht: «Schindler hat Grenzen überschritten, die er nicht hätte überschreiten müssen.» Trotzdem beurteilte sie Oskar Schindler letztlich positiv: «Amon Göth und Oskar Schindler: Beide hatten Macht, der eine nutzte sie, um zu töten, der andere, um Menschen zu retten. Ihr Beispiel zeigt: Jeder hat die Wahl.»

Auch Steven Spielberg spielt in «Schindlers Liste» mit diesem Motiv, zeigt Amon Göth als bösen Zwilling Oskar Schindlers: Scheinbar waren die beiden Männer aus demselben Holz geschnitzt, aber ihre Taten könnten nicht unterschiedlicher sein.

Göth erlaubte Schindler, Lagerhäftlinge in seiner Fabrik zu beschäftigen, es wurde sogar ein Außenlager für die Arbeiter der Emaillefabrik errichtet, in dem sie es besser hatten als im Lager Płaszów.

Amon Göths jüdischer Schreiber Mietek Pemper traf sich heimlich mit Oskar Schindler. Schon früh habe er in Schindler den Retter gesehen, sagte Pemper später: «Niemand außer Schindler zeigte Interesse an unserem Schicksal.»

Das Lager Płaszów wurde bis Herbst 1943 als Arbeitslager geführt. Dann entschied die SS-Verwaltung, die letzten Zwangsarbeitslager in Konzentrationslager umzuwandeln. Gleichzeitig wurden immer mehr polnische Lager, in denen keine «kriegswichtigen oder siegentscheidenden» Güter hergestellt wurden, aufgelöst und die Häftlinge umgebracht.

Darum fasste Mietek Pemper einen Plan: Er wollte erreichen, dass Płaszów den formellen Status eines Konzentrationslagers erhielt: «Denn die Konzentrationslager werden mit Sicherheit bis zum Ende des Krieges bestehen bleiben», so

Pemper. Oskar Schindler behauptete, er könne nicht mehr nur Töpfe und Pfannen, sondern auch Granatenteile herstellen. Amon Göth war ebenfalls daran interessiert, «sein» Lager zu erhalten. Er legte seinen Vorgesetzten von Mietek Pemper manipulierte Listen über die Produktion kriegswichtiger Güter vor. Tatsächlich wurde Płaszów offiziell ab dem Januar 1944 als Konzentrationslager betrieben. Die Häftlinge wurden neu registriert und erhielten andere Kleidung. Neue SS-Aufseher trafen ein, Amon Göth wurde strenger kontrolliert. Sein Schreiber Mietek Pemper berichtete in seinen Memoiren, dass Göth nun schriftliche Genehmigungen aus Berlin einholen sollte, um Häftlinge zu quälen: «Im Vordruck wurde die beantragte Zahl der Peitschenhiebe auf das entblößte Gesäß genannt», beschrieb Pemper ein Beispiel für die Bürokratie der Folter in dieser Zeit. Auch Wirtschaftsprüfer kamen nun öfter zur Inspektion.

Amon Göth sah sich in anderen Konzentrationslagern um und kehrte mit neuen Ideen zurück, die er aber nicht mehr in die Tat umsetzte, zum Beispiel die Häftlinge zu tätowieren oder ein Bordell für besonders fleißige Lagerinsassen einzurichten.

Mitte 1944 stand das Lager Płaszów vor der Auflösung: Die Wehrmacht war auf dem Rückzug, die Rote Armee eroberte Polen. Im Sommer 1944 führten Sondereinheiten der SS in Płaszów eine sogenannte «Enterdungsaktion» durch: Spuren sollten verwischt, die Massengräber mit den Opfern der Räumungsaktion im Krakauer Ghetto und anderer Morde geöffnet und alle Leichen verbrannt werden. Wochenlang lag über dem Lager ein unerträglicher Geruch, Lastwagen brachten die Asche weg.

Emilie Schindler berichtete, dass ihr Mann Oskar im August 1944 in Sorge um seine Arbeiter gewesen sei, weil Amon Göth beschlossen habe, das Lager Płaszów zu schließen und alle Häftlinge nach Auschwitz zu schicken.

Oskar Schindler hatte zu diesem Zeitpunkt einen Rüstungsbetrieb in Brünnlitz nahe seiner Heimatstadt Zwittau in Aussicht: Dorthin, in Sicherheit, wollte er seine Arbeiter bringen. Emilie Schindler beschrieb, dass ihr Mann Amon Göth immer wieder teure Geschenke überreichte. Am Ende, so heißt es in vielen Quellen, hätten sich die beiden Männer wohl auf einen «Handel» geeinigt: Amon Göth half Schindler, «seine» Juden nach Brünnlitz zu bringen; Oskar Schindler half Göth, einen Teil seines Vermögens wegzuschaffen. Letztlich stimmten aber auch höhergestellte SS-Leute dem Transport der «Schindler-Juden» nach Brünnlitz zu.

Auf der Liste der Menschen, die überleben durften, standen rund 800 Männer und 300 Frauen. Wer unter welchen Umständen auf diese lebensrettende Liste kam, ist nicht bis ins Letzte geklärt. Fest steht, dass ein jüdischer KZ-Häftling, Marcel Goldberg, sich von Lagerinsassen bestechen ließ und gegen Wertsachen Namen auf der Liste austauschte.

Nach dem Krieg blieb Oskar Schindler erfolglos. Einige Juden, die ihm ihr Überleben verdankten, unterstützten ihn finanziell. Schindler wurde für seine Rettung von über 1000 Juden in der israelischen Gedenkstätte Yad Vashem in Jerusalem geehrt. 1974 starb er und wurde in Jerusalem begraben.

Es gibt viele Spekulationen darüber, was Schindler antrieb, aus welchen Motiven er die Juden rettete. Mietek Pemper resümiert zur Person Oskar Schindlers: «Er, der weder vor noch nach dem Krieg etwas Besonderes vorweisen konnte, führte

Oskar Schindler (2. v. l.) mit einigen seiner Mitarbeiter in Krakau, 1942

zusammen mit seiner Frau eine Rettungsaktion durch, der heute, verstreut über die ganze Welt, … mit Kindern und Enkelkindern über sechstausend Menschen direkt oder indirekt ihr Leben verdanken. Das ist das Wesentliche. Alles andere ist unwichtig.»

*

Die Führung durch das Schindler-Museum ist zu Ende. Ich unterhalte mich noch mit der netten älteren Dame aus meiner Reisegruppe, die mir ihren Schirm angeboten hatte. Sie ist eine Jüdin aus Amerika, Anfang siebzig, sportlich, mit kurzen grauen Haaren und wachen Augen. Ich frage sie, ob sie allein in Krakau unterwegs sei. Nein, erzählt sie, eigentlich sei sie mit ihrem Mann gekommen. Beide seien sie Auschwitz-Überlebende. Seit sie in Polen seien, habe ihren Mann plötzlich eine große Angst erfasst, er schaffe es nicht, an die Orte seines Martyriums zurückzukehren. Verstört sitze er im Hotelzimmer und wage sich nicht vor die Tür. Deshalb musste die ältere Dame die schon gebuchten Touren – gestern nach Auschwitz und heute durchs ehemals jüdische Krakau – allein antreten. Sie sagt, es bedrücke sie sehr, dass es ihrem Mann so schlechtgehe.

Die Geschichte dieses traumatisierten Mannes, der sich nicht aus dem Hotel traut, geht mir nahe. Ich würde die Frau gern aufmuntern. Ich erzähle ihr, dass ich in Israel gelebt habe. Sie wirkt erfreut, fragt mich, wie ich das Leben dort fand. Wir unterhalten uns noch eine Zeitlang. Sie möchte auch wissen, was ich hier mache, warum ich in Polen bin. Wieder gebe ich vor, eine historisch interessierte Touristin zu sein. Ich biete an, sie im Taxi Richtung Kazimierz mitzunehmen, aber sie will lieber noch ein paar Schritte laufen.

Schon zum zweiten Mal an diesem Tag habe ich meine wahre Identität verborgen. Der polnischen Stadtführerin Malgorzata habe ich meine ganze Geschichte schließlich erzählt, aber dieser Frau konnte ich sie nicht berichten. Ich wollte ihr nicht sagen, warum ich hier bin. Es wäre nicht genug Zeit gewesen, ihr alles zu erklären. Ich hätte sie zurückgelassen mit einer Information, die sie nur belastet hätte. Sie wäre heimgekehrt zu ihrem Mann ins Hotel, irritiert, vielleicht sogar verstört. Trotzdem fühlt sich mein Schweigen nicht gut an.

Die freundliche ältere Jüdin werde ich wahrscheinlich nie wieder treffen. Aber meinen Freunden in Israel muss ich mich irgendwann offenbaren.

Ich fahre zum Rynek, dem prachtvollen mittelalterlichen Marktplatz im Zentrum des alten Krakau. Hier ist nichts düster und verwinkelt wie in Kazimierz, alles wirkt herrschaftlich und offen. Ich laufe an den Verkaufsständen entlang und suche nach einem Blumenstrauß. Er soll farbenfroh und hell aussehen, aber auf keinen Fall zu bunt, Grundfarbe weiß, mit kleinen und großen Blüten. Ich stelle mir selbst einen Strauß zusammen.

*

Der Rynek im Zentrum Krakaus wurde während der deutschen Besatzung in «Adolf-Hitler-Platz» umbenannt. Die Deutschen waren in Polen bereits auf dem Rückzug, als der Kommandant von Płaszów verhaftet wurde: Die SS hatte entdeckt, dass

Amon Göth Wertgegenstände aus Płaszów wegschaffte, und eröffnete ein Verfahren gegen den eigenen Mann.

Göth wurden Korruption und Amtsmissbrauch vorgeworfen. Er saß unter anderem im Gefängnis München-Stadelheim ein, wurde aber bald freigelassen.

Nach einem kurzen Fronteinsatz wurde Göth in ein Krankenhaus in Bad Tölz eingewiesen. Seine Gesundheit war angegriffen, er litt an Diabetes und hatte Probleme mit Leber und Niere.

Am 30. April 1945 rückte die amerikanische Armee in München ein. Am 4. Mai wurde Amon Göth, der nur eine Wehrmachtsuniform trug und nicht als SS-Mann zu erkennen war, in Bad Tölz festgenommen. Er gab einen falschen Namen an und behauptete, er sei nur ein einfacher Kriegsheimkehrer. Währenddessen lief in Wien seine Scheidung von Anna Göth, die von dem Verhältnis zu Ruth Irene Kalder erfahren hatte.

Die schwangere Ruth Irene Kalder war gemeinsam mit ihrer Mutter Agnes bei Kriegsende erst nach Wien und dann nach Bad Tölz geflüchtet. Am 7. November 1945 wurde in Bad Tölz Monika geboren, die gemeinsame Tochter von Göth und Kalder.

Amon Göth war inzwischen in ein Internierungslager auf dem Gelände des ehemaligen KZ Dachau bei München gebracht worden. Im Januar 1946 schrieb er von dort einen letzten Brief an Ruth Irene Kalder: «Liebste Ruth, Brief und Paket dankend erhalten. Du Arme hast so viel durchmachen müssen … Essen ist hier so, daß ich noch knapp 70 Kilo wiege. Das genügt … Es wird schon wieder alles in Ordnung kommen. Mach Dir keine Sorgen. … Viele Bussi an Dich und Monika und grüße herzlichst die Omi. Euer Mony.»

Kurz danach fanden die amerikanischen Ermittler heraus, wer Göth wirklich war. Vier ehemalige Häftlinge aus Płaszów identifizierten ihn als den früheren Kommandanten des Lagers. Als sie Amon Göth im Beisein amerikanischer Soldaten wiedersahen, begrüßte ihn einer der vier Zeugen mit den Worten: «Herr Kommandant. Vier jüdische Schweine angetreten!»

Amon Göth wurde nach Polen ausgeliefert, zusammen mit Rudolf Höß, dem ehemaligen Kommandanten des Konzentrationslagers Auschwitz. Göth und Höß kamen am 30. Juli 1946 am Krakauer Hauptbahnhof an. Eine aufgebrachte Menge erwartete die beiden: Nicht auf Rudolf Höß, den Mann, der Hunderttausende ins Gas schickte, stürzten sich die Menschen. Amon Göth wollten sie lynchen, den «Schlächter von Płaszów».

Ende August 1946 wurde Göth dann in Krakau in nur wenigen Tagen der Prozess gemacht. Es war das erste große Verfahren dieser Art in Polen. Die vielen Zuschauer passten nicht in den Gerichtssaal, deshalb wurde der Prozess über Lautsprecher ins Freie übertragen. Hunderte von Zuhörern versammelten sich in den Grünanlagen gegenüber dem Gerichtsgebäude.

Die Anklage lautete auf Völkermord. Göth wurde unter anderem beschuldigt, für den Tod von rund 8000 Menschen im Lager Płaszów verantwortlich zu sein sowie für die Ermordung von weiteren zweitausend Menschen bei der Räumung des Krakauer Ghettos. Hinzu kamen noch Hunderte von Morden bei der Auflösung der Ghettos in Tarnow und Szebnie im Herbst 1943. Auch wurde ihm zur Last gelegt, er habe sich die Wertsachen seiner Opfer angeeignet. Angesichts der vielen Belastungszeugen soll Amon Göth ausgerufen haben: «Was?

Amon Göth (links) in Krakau auf dem Weg zum Gericht, das ihn im September 1946 zum Tode verurteilte

So viele Juden? Und uns hat man immer gesagt, da wird kein Schwanz übrigbleiben.»

Göth wurde gefragt, ob er sich schuldig bekenne. Er antwortete mit einem lauten «Nein». Vor Gericht leugnete er seine Taten, nannte die Namen anderer SS-Männer und sagte, sie seien für die Morde verantwortlich gewesen. Er habe den Befehlen seiner Vorgesetzten gehorcht, sei nur ein Soldat gewesen und habe selbst keine Anordnungen erlassen. Göth blickte desinteressiert weg, wenn Zeugen von Morden im Lager erzählten, oder versuchte nachzuweisen, dass sie unrichtige Angaben machten. Er bestellte Oskar Schindler als Entlastungszeugen, aber der erschien nicht.

Absurderweise nannte Amon Göth auch Mietek Pemper als Entlastungszeugen, doch sein ehemaliger Schreiber, der viele Verbrechen Göths mitangesehen hatte, sagte nicht für, sondern gegen ihn aus.

Der polnische Staatsanwalt forderte die Todesstrafe und sagte in seinem Plädoyer: «Sie müssen hier über einen Menschen urteilen, der schon zu Lebzeiten zu einer Legende geworden ist ... als eine moderne Inkarnation des biblischen Satans.»

Amon Göth wurde zum Tode verurteilt. Er schrieb ein Gnadengesuch, in dem er darum bat, die Todesstrafe in eine Gefängnisstrafe umzuwandeln. Er wolle beweisen, dass er ein nützliches Mitglied der menschlichen Gemeinschaft sein könne. Das Gesuch wurde abgelehnt.

Am 13. September 1946 wurde Amon Göth zum Galgen geführt. Seine letzten Worte: «Heil Hitler.»

*

Es gibt viele Fragen, die ich meiner Großmutter gern stellen würde. Ich glaube, bei ihr hätte es sich gelohnt nachzuhaken. Sie hatte Ecken, Kanten und Brüche. An meinen Großvater habe ich kaum Fragen. Diese Filmaufnahmen von seiner Hinrichtung: wie er die Hand trotzig gegen den Himmel reckt, sich mit dem Hitlergruß aus dem Leben verabschiedet. Hätte er irgendwann ein Zeichen von Reue gezeigt, hätte ich ihn gern befragt. So aber denke ich, es wäre sinnlos gewesen. Er hat sich niemals schuldig bekannt. Im Prozess hat er gelogen bis zum Schluss.

Ich fahre zum Gelände des ehemaligen KZ Płaszów.

Jetzt ist das hügelige Gelände des Lagers von Rasen bedeckt. Nichts ist geblieben von den Stacheldrahtzäunen, den Wachtürmen, dem Steinbruch, in dem die Häftlinge schufteten, den Baracken, den Massengräbern. Nur grüne Wiesen zwischen einem McDonald's-Restaurant und einer stark befahrenen Schnellstraße. In der Ferne ragen sozialistische Plattenbauten in den Himmel.

Auf einem Hügel, weithin sichtbar, steht das Mahnmal: überlebensgroße, gebeugte Menschen aus hellem Stein, an Stelle ihrer Herzen klafft ein Loch.

Ich bin überrascht. Ich habe immer noch die Kulisse aus «Schindlers Liste» vor Augen. Dort war alles so nah, so lebendig. Jetzt gibt es keinen Film. Nur Steine.

Das Lager ist Vergangenheit. Mein Großvater ist lange tot.

Ich nehme die Blumen in die Hand und steige über breite Stufen hoch zum Plateau mit dem Mahnmal. Von oben lässt sich die Gegend besser überblicken. Das Gelände wirkt verlassen und ungepflegt. Ohne die Hinweisschilder ließe sich nicht erahnen, welche Gräueltaten hier vor vielen Jahren stattgefunden haben.

Jogger laufen durch den Nieselregen, in der Ferne entdecke ich Spaziergänger mit Hunden. Sie laufen hier wahrscheinlich Tag für Tag entlang, freuen sich, dass es diese Grünfläche gibt.

Ganz allein stehe ich vor dem Mahnmal. Um diese Jahreszeit kommen nur wenige Menschen hierher.

Ehrfürchtig berühre ich den kalten Stein mit der Hand, so wie ich es in Jerusalem an der Klagemauer getan habe.

In den letzten Monaten war ich mir manchmal nicht mehr sicher: Wer bin ich? Bin ich Jennifer, oder bin ich nur noch Jennifer, die Enkelin von Amon Göth? Was zählt in meinem Leben?

Ich kann die Geschichte meines Großvaters nicht einfach in eine Schublade packen, sie zumachen und sagen: Es ist vorbei, es betrifft mich nicht mehr. Das wäre ein Verrat an den Opfern.

Ich komme hierher wie an ein Grab. Ein Grab ist ein Ort, den man pflegt und an den man zurückkehrt, um die Verstorbenen zu ehren.

Wenn jemand stirbt, ist es auch nicht unbedingt erforderlich, zur Beerdigung zu gehen. Man kann sich auch innerlich verabschieden. Aber der Gang zum Grab ist ein Zeichen, ein wichtiges Ritual, das ich nun nachholen will. Ich möchte den Opfern meinen Respekt erweisen. Deutlich machen, dass ich sie nicht vergessen werde.

Langsam lege ich die Blumen nieder. Danach setze ich mich auf die Wiese. Erst jetzt bemerke ich, dass sich

Das Mahnmal für das Lager Płaszów

vor dem Mahnmal Menschen versammelt haben. Kinder laufen über die Wiese. Eine israelische Schulklasse. Ich lausche, es klingt vertraut.

KAPITEL 3

Die Frau des Kommandanten: Die Großmutter Ruth Irene Kalder

Es war eine schöne Zeit. Mein Göth war König,
ich war Königin. Wer würde sich das nicht gefallen lassen?
(Ruth Irene Göth 1975 über ihre Zeit an der Seite
des KZ-Kommandanten Amon Göth)

Was wusste meine Großmutter?

Vor dem Besuch in der Villa hatte ich mir eingeredet, dass sie vieles nicht mitbekam.

Vor Krakau dachte ich an ein weitläufiges Gelände, ein riesiges Haus: der Abstand zu den Schüssen im Lager zu groß, die Schreie der von meinem Großvater drangsalierten Dienstmädchen zu leise.

Aber so war es nicht. Meine Großmutter war mittendrin. Die Villa war klein, das Lager nicht weit.

War meine Großmutter nicht nur blind vor Liebe, sondern auch taub?

Wo war ihr Mitgefühl? Ein paar Hundert Meter weiter starben die Menschen, und sie feierte Feste mit Amon Göth.

Mein Großvater ist lange tot. Doch meine Großmutter habe ich noch kennengelernt. Sie war der Mensch, der mir als kleines Kind am wichtigsten war – ich hatte nur wenig, an das ich mich klammern konnte. Sie mochte mich, das war schon viel.

Für mich strahlte sie Güte aus. Wenn ich an sie denke, ist da sofort ein schönes, vertrautes Gefühl.

Und dann erfahre ich aus dem Buch über meine Mutter Dinge von meiner Großmutter, die meinem Bild von ihr in so vielem widersprechen.

Wäre sie nicht gewesen, hätte mich die Person Amon Göths vielleicht gar nicht so verstört. Ich hätte ihn stärker als historische Figur sehen und distanzierter betrachten können. Ja, er ist mein Großvater. Aber er hat mich nie im Kinderwagen geschaukelt und nie meine Hand genommen. Das hat meine Großmutter getan.

Sie ist mir so nah, und deshalb kann ich auch das monströse Bild des Amon Göth nicht einfach wegschieben auf irgendeinen Platz in der Geschichte.

In der Literatur über die Nachfahren von Nationalsozialisten wird manchmal unterschieden zwischen denjenigen, die ihre Verwandten noch kennengelernt haben – und denen, die sie nicht mehr erlebt haben. Einige Autoren schlussfolgern: Wer einen NS-Vorfahren nicht persönlich kannte, der leidet auch nicht so stark unter seiner Herkunft. Dabei wird vergessen, dass die später Geborenen häufig noch die Menschen kannten, die den Nazi-Verbrecher liebten. Die Lebenden sind das Bindeglied zu den Toten.

Meine Mutter war ein zehn Monate altes Baby, als Amon Göth gehängt wurde. Dennoch spricht aus dem Buch über sie ein großes Leiden an diesem Vater. Sie hat dieselbe Verbindung zu ihm wie ich: Ruth Irene, ihre

Mutter, meine Großmutter. Die Frau, über deren Bett das Foto Amon Göths hing bis zu ihrem Tode. Er war der wichtigste Mann in ihrem Leben, sagte meine Großmutter später. Warum war sie mit ihm zusammen?

Der große Reisebus, in dem ich sitze, ist voller Menschen, aber sie sprechen kaum. Draußen sehe ich niedrige Häuser am Straßenrand und immer wieder kleinere Dörfer. Der Asphalt ist nass, es hat noch einmal geregnet. Ich würde mir wünschen, dass der Himmel endlich aufreißt. Der Ort, an den ich gerade fahre, ist düster genug.

Mein zweiter und letzter Tag in Polen. Ich bin unterwegs nach Auschwitz. Das ehemalige Lager liegt nur eine knappe Autostunde von Krakau entfernt. Ich war noch nie dort. Dabei ist Auschwitz ein mächtiges Symbol für den Holocaust. Es ist etwas anderes, über Orte zu lesen, als tatsächlich dort zu sein. Nach Auschwitz hat Amon Göth Tausende Häftlinge aus Płaszów geschickt, ins Gas. Hat er mit meiner Großmutter darüber gesprochen? Vielleicht nicht, aber sie muss es trotzdem gewusst haben.

Je mehr ich versuche, sie zu verstehen und zu begreifen, wer sie wirklich war, desto schwerer fällt es mir, objektiv zu bleiben. Ich verwickele mich in Widersprüche.

*

Ruth Irene Kalder, später Ruth Irene Göth, die Großmutter von Jennifer Teege, war fünfundzwanzig Jahre alt, als sie Amon Göth kennenlernte. Sie stammte aus dem oberschlesischen Gleiwitz. Ihr Vater war Besitzer einer Fahrschule und Mitglied der NSDAP. Ruth Irene Kalder hatte in Essen eine Schauspielschule besucht und ein Diplom als Kosmetikerin erworben. In ihrer Zeit in Essen hatte sie wohl eine kürzere Beziehung zu einem älteren Mann, wurde schwanger und ließ das Kind abtreiben.

In Krakau arbeitete sie als Sekretärin für die Wehrmacht. Laut Göth-Biograph Johannes Sachslehner ging ihr «der Ruf voraus, dass sie kleinen Abenteuern mit Uniformierten nicht allzu abgeneigt» war. Sie freundete sich mit dem Unternehmer Oskar Schindler an, erledigte für ihn Sekretariatsaufgaben. Oskar Schindler nahm sie schließlich an einem Abend im Frühjahr 1943 zu einem Abendessen bei Amon Göth mit.

Ruth Irene Kalder schilderte die Begegnung mit dem KZ-Kommandanten später in Interviews und gegenüber ihrer Tochter Monika als Liebe auf den ersten Blick: Amon Göth sei groß und stark gewesen, «ein wahrer Traum für jede Sekretärin». Sie habe «nichts mehr gesehen außer diesem Mann». Er sei humorvoll gewesen, intelligent und belesen, «ein Traummann, wie Clark Gable als Rhett Butler in ‹Vom Winde verweht›».

Dem israelischen Historiker und Publizisten Tom Segev erzählte Ruth Irene Kalder 1975 auch, sie habe mit Amon Göth flirten sollen, um die guten Beziehungen zu Oskar Schindler zu festigen, der ja auf die Arbeiterinnen und Arbeiter aus Göths Lager angewiesen war: «Meine Aufgabe als hübsche Sekretärin war es, sein Herz zu gewinnen, damit er uns auch weiterhin diese Arbeitskräfte zur Verfügung stellte, denn als Lagerkommandant waren ihm die Juden doch von nun an unterstellt.»

Die zierliche dunkelhaarige Frau verstand sich gut mit Amon Göth. Ruth Irene Kalder erzählte, dass sie sich schnell duzten, zum Abschied sagte Göth zu ihr: «Ich ruf dich mal an.» Als er sich nach einigen Tagen noch nicht gemeldet hatte, wählte Ruth Irene Kalder seine Nummer: «Du wolltest mich anrufen, da warte ich noch heute drauf.» Göth war überrascht und auch misstrauisch, er dachte, sie sei mit Oskar Schindler liiert und wolle ihn ausspionieren. Ruth Irene Kalder versicherte Göth, sie sei mit Schindler nur befreundet, und verabredete sich mit ihm in Płaszów.

Bald war sie Göths feste Freundin, er gab ihr den Kosenamen «Majola». Die Liebe zu Amon Göth führte sie auf das Gelände eines Konzentrationslagers, ins Haus des Kommandanten.

Göths ehemaliges jüdisches Hausmädchen Helen Rosenzweig beschrieb Ruth Irene Kalder als eine «junge wunderschöne Frau, mit dunklem Haar und einer wundervoll milchigen Haut. Sie muss Amon Göth sehr geliebt haben, denn sie starrte ihn die ganze Zeit an.»

Das weniger Liebenswerte an ihrem Amon verdrängte sie. Helen Rosenzweig sagt, Ruth Irene Kalder habe nicht wissen wollen, was im Lager geschah: «Die meiste Zeit war sie damit beschäftigt, Eigelb mit Gurken und Joghurt anzumischen, sie lag dann mit ihren Gurkenmasken herum. Sie stellte die Musik immer ganz laut, so konnte sie die Schüsse nicht hören.»

Regisseur Steven Spielberg hat Ruth Irene Kalder gezeigt, wie sie den Kopf im Kissen vergräbt, während Amon Göth schießend auf dem Balkon steht.

Ihre Mutter Agnes Kalder besuchte Ruth Irene einmal in Płaszów. Agnes Kalder war entsetzt, in welchem Umfeld ihre Tochter lebte, und reiste frühzeitig wieder ab.

Ruth Irene Kalder dagegen genoss das Luxusleben an der Seite des Kommandanten. Ihrer Tochter Monika berichtete sie später, dass Amon Göth und sie den Tag oft mit einem gemeinsamen Ausritt begannen. Dann schminkte sie sich ausführlich.

Nach dem Frühstück gab sie den Dienstmädchen Anweisungen für das Mittagessen: reichlich Fleisch und Alkohol für Amon Göth, als Nachtisch Kuchen und Obst. Am Nachmittag ritt Ruth Irene Kalder wieder aus, hörte Platten oder spielte mit einer der anderen Partnerinnen der SS-Männer Tennis. Am Abend fanden häufig Partys statt. Gern ließen Amon Göth und seine Freundin die Rosner-Brüder, jüdische Musiker aus dem Lager, auftreten: Hermann und Poldek Rosner tauschten dann ihre Häftlingskleidung gegen elegante Anzüge und mussten Geige und Ziehharmonika für Göth und seine Gäste spielen. In feinen Kleidern aus Krakauer Geschäften gab Ruth Irene Kalder bei diesen Gesellschaften die Herrin des Hauses.

Auf einem Foto aus Płaszów posiert Ruth Irene Kalder im eleganten Reitdress vor tristen Baracken und Stacheldraht, als präsentiere sie Mode auf den Champs-Élysées. Auf anderen Bildern sonnt sie sich im Badeanzug auf der Terrasse der Kommandanten-Villa. Ein Foto zeigt sie in schickem Mantel und Hut zwischen ihrem kleinen schwarzen Schoßhund und Göths Lieblingshund, seiner gefleckten Dogge Rolf. Dieses Foto hat wohl Amon Göth von ihr gemacht.

*

All die Jahre hatte ich nur ein einziges Foto von meiner Großmutter: Sie trägt darauf ein langes Blumenkleid, ihre Haare sind hochtoupiert, an ihrem Arm blitzt ein goldener Reif. Sie steht auf einer Wiese im Englischen Garten in München. Hinter ihr spielt ein Dackel, im Gras liegt ein roter Ball. Sie lächelt entspannt in die Kamera und sieht jung und fröhlich aus. Es ist ein natürliches, sympathisches Foto, ich habe es immer sehr gern gemocht.

Ruth Irene Kalder, fotografiert von Amon Göth. Mit Göths auf Menschen abgerichteter Dogge Rolf und ihrem eigenen Schoßhund

Dann fand ich ganz andere Bilder von ihr, im Buch über meine Mutter und im Internet. Diese Fotos von ihr anzuschauen, mit einer auf Menschen abgerichteten Dogge neben sich – das ist kaum auszuhalten, es ist zu verstörend. Ich setze mich vielem aus, aber diese Fotos kann und möchte ich nicht ansehen. Dass sie den Hund streicheln, dass sie ihn überhaupt in ihrer Nähe ertragen konnte. Schließlich war es kein Schoßhund, sondern ein Tier, das auf Befehl von Amon Göth Menschen anfiel.

Ich bekomme die Fotos nicht mit meinem Bild von ihr zusammen.

Um meinen Großvater trauere ich nicht. Aber um meine Großmutter. Ich trauere um den Menschen, der sie nicht war.

Sie war gut zu mir, deshalb dachte ich immer, sie wäre auch ein guter Mensch. Für ein Kind ist es unvorstellbar, dass ein Mensch, den man liebt, auch noch eine andere, eine dunkle Seite hat.

Ich hätte mir so sehr gewünscht, dass meine Erinnerungen an sie nicht überschattet worden wären. Warum konnte sie nicht einfach eine ganz normale Großmutter sein – eine nette Frau, die irgendwann gestorben ist?

Ich hatte Irene bisher immer zusammen mit meinen anderen Großmüttern betrachtet: Meinen «Adoptiv-Großmüttern» – ich nannte sie auch die Bochumer und die Wiener Oma.

Die Bochumer Oma war die Mutter meines Adoptivvaters. Sie war sehr klein, hatte graue Löckchen, eine typische «Oma-Dauerwelle», und einen energischen Trippelschritt. Am liebsten trug sie Röcke und darüber eine

Schürze, damit die Kleidung nicht verschmutzte. Wenn sie ausging, wechselte sie ihr Schuhwerk, kramte ihre Gesundheitspumps mit kleinem Absatz hervor, «Klack-klack»-Schuhe nannte ich sie als Kind. Wenn ich mit meiner Adoptivfamilie zu Besuch in Bochum war, begleiteten wir sie zum Wochenmarkt oder zum Metzger oder halfen ihr bei der Gartenarbeit. Ich war wenig begeistert, wenn ich Gemüse pflanzen oder Beeren pflücken sollte, aber das Ergebnis liebte ich: In ihrem Keller standen die gefüllten Gläser mit selbstgemachtem Kompott. Zum Essen wurden wir von ihr mit einem Gong gerufen.

Sie war sehr diszipliniert und ein bisschen streng, keine Oma zum Kuscheln. Aber sie hatte ein großes Herz. Obwohl meine Bochumer Oma zwei Kinder hatte – meinen Adoptivvater und seine Schwester –, sah sie es als ihre christliche Pflicht an, zusätzlich Kinder in der Familie aufzunehmen. Hilfe für verwaiste oder vernachlässigte Kinder war eine gelebte Tradition in der Familie. Mein Adoptivvater ist ganz selbstverständlich mit einer Reihe von Pflegekindern aufgewachsen, deshalb war es für ihn später auch naheliegend, selbst ein Pflegekind aufzunehmen – mich.

Die Bochumer Oma war aktives Mitglied der evangelischen Kirche und sehr beliebt in der Gemeinde. Regelmäßig besuchte sie das Grab ihres Mannes, der früh verstorben war. Fast jeden Sonntag ging sie in die Kirche und starb auch dort: Während eines Gottesdienstes blieb ihr Herz stehen.

Die Wiener Oma, die Mutter meiner Adoptivmutter, war auch klein, aber sehr rundlich. Sie verströmte etwas

Mütterliches, Beruhigendes. Stets war sie hübsch zurechtgemacht und trug gern Seidenkleider und Mäntel mit Pelzkragen. Ich war als Kind oft bei ihr zu Besuch. Wien mochte ich lieber als Bochum, die Stadt war spannender. Meine Wiener Großmutter benahm sich manchmal selbst wie ein kleines Kind: Einmal spielten wir dem Wiener Opa einen Streich und taten so, als seien wir alle ausgerissen, wir Kinder und die Oma. Der Opa gab sich darauf sehr erschreckt.

Nur an Weihnachten konnte man mit meiner Wiener Oma wenig anfangen. Standen wir vor dem geschmückten Tannenbaum, traute sie sich nicht zu singen, weil sie die Töne nicht traf.

Oft waren wir auch mit den Wiener Großeltern im Urlaub – im Winter beim Skifahren, im Sommer beim Wandern in den österreichischen Bergen oder zum Zelten in Italien am Meer. Mein Wiener Opa erzählte dann manchmal seine Kriegsgeschichten über die Zeit mit Rommel in Afrika. Die Wiener Oma erzählte nie vom Krieg. Sie war 1945 aus dem heutigen Tschechien nach Wien geflohen. Auf der Flucht hatte sie Schlimmes erlebt, aber sie wollte darüber nicht sprechen.

Und dann gibt es noch meine Großmutter in Nigeria, meine zweite leibliche Großmutter neben Irene. Über sie weiß ich nicht viel. Einmal, mit achtundzwanzig Jahren, traf ich meinen Vater. Er erzählte mir, als meine Mutter mich ins Kinderheim geben wollte, habe er vorgeschlagen, ich könne ebenso im Haushalt meiner Großmutter in Nigeria aufwachsen. Er hätte diese Lösung dem Heim vorgezogen. Meiner Mutter gefiel die Idee nicht. Ich denke, sie wollte mich damals noch nicht endgültig aufgeben. Im Heim konnte mich meine Mutter besuchen, außerdem gab es die Option, mich wieder zu sich zu nehmen.

Ich stelle mir meine afrikanische Großmutter hochgewachsen vor, stolz, eine strenge Matriarchin. Ich finde es beachtlich von ihr, dass sie bereit gewesen wäre, mich bei sich aufzunehmen. Ich bin ihr dafür dankbar und frage mich manchmal: Was wäre gewesen, wenn ...?

Verglichen habe ich meine Großmütter nie, weder in meiner Kindheit noch später. Dazu waren sie viel zu unterschiedlich. Ich hatte eigenständige Beziehungen zu meinen Großmüttern, jede war wichtig auf ihre Art.

Irene nahm jedoch einen besonderen Platz ein. Sie war eine der ersten Bezugspersonen in meinem Leben.

Als meine Adoption mit sieben Jahren amtlich war, brachen meine Adoptiveltern den Kontakt zu meiner Mutter ab; sie dachten, das sei besser für mich. Damit verschwand auch meine Großmutter aus meinem Leben. Sie hinterließ eine Lücke, sie fehlte mir.

Das letzte Mal hörte ich von ihr, als ich dreizehn war: Damals erzählten mir meine Adoptiveltern, meine Großmutter sei gestorben. Sie hatten die Todesanzeige in der Zeitung gesehen. Dass meine Großmutter sich umgebracht hatte, stand darin nicht.

Ich fragte nicht weiter nach. Meine leibliche Familie war in meiner Adoptivfamilie ein Thema, über das nicht gesprochen wurde. Da war ein tiefdunkles Schweigen – ein stilles Abkommen zwischen meinen Adoptiveltern und mir, nicht mehr über meine Mutter und meine Großmutter zu reden. Aber meine Adoptiveltern hätten mir ohnehin kaum etwas über die beiden sagen können, sie wussten ja nichts.

Ich weiß noch, dass ich traurig war, als ich vom Tod meiner Großmutter erfuhr: Ich hatte immer gehofft, sie irgendwann wiederzusehen. Aber der Tod nahm sie mir endgültig.

Bis ich das Buch in der Hamburger Bibliothek fand, hatte ich nur meine Erinnerungen: Meine Großmutter hatte mich gerne um sich. Bei meiner Mutter fühlte ich mich oft nicht willkommen. Meine Mutter zog mich am Arm, wenn sie ungeduldig war, das tat Irene nie.

Ich erinnere mich nur an eine Situation mit meiner Großmutter, die mich irritierte: Ich war wegen irgendetwas traurig, doch sie hatte dafür kein Verständnis und untersagte mir das Weinen. Ich begriff nicht, was meine Großmutter gegen Tränen hatte.

Sie war keine Oma im klassischen Sinne. Ich durfte sie auch nicht Oma nennen, sondern nur Irene. Vielleicht wollte sie nicht für alt gehalten werden. Ihr wird nachgesagt, dass sie auf ihre Schönheit, auf ihr Äußeres sehr bedacht gewesen sei. Auch meine Mutter nannte sie nur beim Vornamen, so steht es in dem Buch über sie.

Ich erinnere mich an die Wohnung meiner Großmutter in der Schwindstraße in Schwabing. Wir saßen meist in ihrer Wohnküche. Dort lief oft der amerikanische Sender AFN. Bis heute höre ich gern englischsprachiges Radio; in Hamburg lange Zeit einen englischen Militärsender, in Israel «The Voice of Peace».

Ein richtiges Wohnzimmer gab es nicht. Bei meiner Adoptivfamilie in Waldtrudering wurde zu Hause auf dem Sofa gefaulenzt, man zog sich bequeme «Hauskleidung» an. Das war bei Irene undenkbar. Ich fühlte mich bei meiner Großmutter zwar immer wohl, aber doch wie eine Besucherin. Sie war immer schick angezogen und gut zurechtgemacht, alles war ein bisschen förmlich. Die Küche war stets geputzt und aufgeräumt. Gekocht oder gebacken wurde dort nicht.

Leider habe ich viel zu wenige konkrete Erinnerungen an sie, ich verbinde mit ihr ein kindliches Gefühl: Jemand, der sich kümmert. Jemand, der einen schützt.

Wenn meine Mutter mich aus dem Kinderheim oder später bei meiner Pflegefamilie abholte und zu meiner Großmutter nach Schwabing brachte, bedeutete das: Ich musste nicht ins Hasenbergl, nicht in die Wohnung meiner Mutter.

Bei meiner Mutter kam ich ja nicht in eine intakte Familie: Ihr damaliger Mann Hagen, ein Trinker und Schläger, war für mich eine ständige Bedrohung. Ich wusste nie: Würde er da sein oder nicht? Wenn er nicht da war, hoffte ich, er käme auch nicht mehr. Ich lauschte auf das Geräusch seines Schlüssels im Schloss, seiner Schritte im Flur.

Bei meiner Großmutter war ich sicher. Wenn ich ihre Wohnküche betrat, war alles in Ordnung.

*

Helen Rosenzweig, das ehemalige jüdische Dienstmädchen Amon Göths, sagte später über Ruth Irene Kalder: «Einmal kam sie runter zu uns in die Küche. Sie streckte uns die Hände entgegen und sagte: Wenn ich könnte, würde ich euch nach Hause schicken, aber es liegt nicht in meiner Macht.»

In Amon Göths Villa waren die beiden Dienstmädchen Helen Hirsch und Helen Rosenzweig seinen ständigen Misshandlungen ausgesetzt: Er rief sie, indem er nach ihnen schrie oder auf eine Klingel drückte, die im ganzen Haus zu hören war. Oft schlug er sie, wenn sie nicht schnell genug herbeieilten. Unter Göths Schlägen platzte Helen Hirschs linkes Trommelfell, sie blieb taub auf diesem Ohr. Helen Rosenzweig erzählte: «Unzählige Male hat er mich die Treppe hinuntergestoßen. Als ich in seiner Gewalt war, verlor ich die Angst vor dem Tod, ich war mir sicher, er würde mich so oder so töten. Es war wie vierundzwanzig Stunden am Tag unter dem Galgen zu leben.»

Ruth Irene Kalder berichtete später ihrer Tochter Monika, sie habe sich dazwischengeworfen, als Amon Göth einmal mit einem Ochsenziemer – ein getrockneter Bullenpenis, der im KZ als Schlagwaffe eingesetzt wurde – eines seiner Dienstmädchen schlagen wollte. Dabei habe Amon Göth dann sie getroffen, was ihm sehr leidgetan habe. Er habe fast geweint, sich immer wieder bei ihr entschuldigt und danach nie wieder einen Ochsenziemer im Haus benutzt. Ihrer Tochter Monika erzählte Ruth Irene Kalder auch eine andere groteske Begebenheit: Sie habe Amon Göth gedroht, «nicht mehr mit ihm zu schlafen, wenn er weiter auf Juden schieße». Angeblich habe das gewirkt.

Helen Rosenzweig glaubte, «ein Mindestmaß an Menschlichkeit» in Ruth Irene Kalder zu erkennen, zum Beispiel habe sie die Dienstmädchen ausdrücklich im Beisein von Amon Göth gelobt und sie immer mit Respekt behandelt.

Als Helen Rosenzweigs Schwestern aus Płaszów weggebracht werden sollten – wohl nach Auschwitz –, rannte Helen Hirsch zu Ruth Irene Kalder und bat sie, die Deportation zu verhindern. Ruth Irene Kalder weigerte sich zunächst: «Bitte verlang von mir nicht, dass ich das tue!» Schließlich gab sie nach und verhinderte mit einem Anruf bei der Lagerpolizei die Deportation der Rosenzweig-Schwestern. Als Ruth Irene Kalder später Amon Göth ihre eigenmächtige Rettungsaktion gestand, lief der nach Aussage von Helen Hirsch wütend mit dem Gewehr in die Küche zu den Dienstmädchen, beruhigte sich dann aber wieder.

Helen Hirsch erzählte auch, Göth habe sie einmal, als er völlig betrunken war, massiv sexuell belästigt. Ruth Irene Kalder habe ihre Hilferufe gehört und sei herbeigeeilt. Daraufhin habe Göth von ihr abgelassen.

Es sind eine Reihe Zeitzeugen, die sich erinnern, dass Ruth Irene Kalder versucht habe, mäßigend auf Göth einzuwirken. Sie soll sich für einzelne Gefangene eingesetzt und Folterungen und auch Erschießungen einzelner Häftlinge verhindert haben. In ihrer Anwesenheit habe sich Göth eher beherrscht und sei meist milde gestimmt gewesen. Zum Beispiel soll sie nach Aussagen von Zeitzeugen einmal Amon Göth vom Appellplatz weggeholt haben, als er dort gerade Häftlinge auspeitschen ließ. Ruth Irene Kalder selbst wird allerdings später sagen, sie habe das Lager nie betreten.

Laut Emilie Schindler berichtete ihr Mann Oskar Schindler Mitte 1944, Göth habe allmählich genug von seiner Freundin, die Frau sei «zu friedliebend» und versuche «dauernd, ihn von seinen sadistischen Exzessen abzubringen».

Dass Ruth Irene Kalder ab und an halbherzig versuchte, Opfern zu helfen, zeigt: Sie wusste, wie Amon Göth Menschen behandelte und welche Verbrechen im Lager geschahen.

Göths Schreiber Mietek Pemper berichtet in seiner Autobiographie, dass Ruth Irene Kalder ab und an besonders vertrauliche Schriftstücke für Göth tippte. Pemper vermutet, dass sie auch an einer Liste mit Namen von Häftlingen, die hingerichtet werden sollten, mitwirkte.

Ruth Irene Kalder hat später meist zwei Dinge betont: dass Płaszów nur ein Arbeitslager gewesen sei, kein Vernichtungslager. Und dass es dort nur Erwachsene gegeben habe, keine Kinder.

Ihrer Tochter Monika berichtete sie allerdings, dass sie einmal gesehen habe, wie man Kinder auf einem Lastwagen aus dem Lager brachte. Monika Göth sagte, dass ihre Mutter immer wieder an diese Kinder gedacht habe und ihre Erinnerungen an diese Szene wohl auch niederschrieb.

Gemeint hat Ruth Irene Kalder wohl Lastwagen, die 1944 Kinder aus Płaszów nach Auschwitz fuhren. Göth wollte für neu eintreffende ungarische Juden Platz in seinem Lager schaffen. Deshalb müsse er, so schrieb er an einen SS-Führer, das Lager von alten, kranken und schwachen Personen sowie Kindern «säubern» und «unproduktive Elemente liquidieren», also die Schwachen und die Kranken aus Płaszów zur «Sonderbehandlung» in die Gaskammern des nahen Auschwitz schicken.

Am Appellplatz wurden Zettel aufgehängt, auf denen zu lesen stand: «Jedem Häftling ein angemessener Arbeitsplatz». Aus Lautsprechern erklangen muntere Weisen. Die Häftlinge mussten sich auf dem Appellplatz nackt ausziehen und an den Lagerärzten vorbeilaufen. Nach der Aussage eines Zeitzeugen war Josef Mengele, der berüchtigte Auschwitz-Arzt, eigens angereist und notierte sich die Namen der Kinder. Am 14. Mai 1944 wurde das Ergebnis der sogenannten «Gesundheitsaktion» verkündet. Diejenigen, die nach Auschwitz sollten, mussten sich auf einer Seite des Platzes versammeln: Insgesamt etwa 1200 Menschen, darunter rund 250 Kinder.

Die Płaszów-Überlebende Stella Müller-Madej beschreibt die Szene, als die Kinder auf Lastwagen getrieben wurden: «Der ganze Platz gerät in Bewegung. Väter und Mütter schluchzen. Aus den Kehlen der Kinder, die bislang still wie Puppen und starr vor Entsetzen dastanden, dringen flehentliche Schreie ... Sie schreien um Hilfe ... Ein ganz kleines Kind versucht auf allen vieren zu fliehen. Eine Aufseherin ... packt ... es bei den Händchen und wirft den kleinen Körper wie einen Sack auf die Ladefläche. Es ist nicht zu ertragen. Der ganze Appellplatz heult, die Peitschen sausen nieder, die Hunde bellen ... In diesem Moment erklingt aus dem Lautsprecher Walzermusik ... Gleichzeitig fahren die Lastwagen zum Lagertor.»

Die Kinder wurden kurz nach ihrer Ankunft in Auschwitz umgebracht.

*

So wie meine Großmutter zeitlebens Amon Göth verklärt und entschuldigt hat, so habe ich zu Beginn meiner Nachforschungen dazu geneigt, sie zu milde zu betrachten. Ich sagte mir: Sie hat niemandem etwas Böses getan. Sie war nicht aktiv an seinen Taten beteiligt.

Ich wusste so wenig über meine Großmutter. Meine Mutter hatte ich mit Anfang zwanzig noch einmal kurz getroffen, meine Großmutter war damals schon tot. Ich habe sie, als ich das Buch über meine Mutter las, sehr genau angeschaut – zuerst nur die privaten Fotos aus der Nachkriegszeit, später auch die historischen Fotos.

In manchen Momenten sehe ich mich in ihr wieder.

Auch ich liebe das schöne Leben. Ich fahre ein bequemes Auto, bevorzuge es, in einem großen Haus zu wohnen, und schätze Komfort. Wie meine Großmutter mag ich schöne Dinge. Von mir aus dürfen sie auch etwas mehr kosten. Aber es kommt doch darauf an: Wie hoch ist der Preis dafür?

Nach dem Krieg kam meine Großmutter mit einem sehr viel bescheideneren Leben zurecht. Ich denke, es ging ihr nicht nur um Status und Geld. Ohne Zweifel hat sie den Reichtum, den Amon Göth ihr bot, genossen. Aber ich bezweifle, dass sie nur wegen des luxuriösen Lebensstils in Płaszów blieb.

Ich glaube, dass sie in Amon Göth wahnsinnig verliebt war. Vielleicht war sie auch von der Macht fasziniert, die Amon Göth besaß. Aber da muss noch mehr gewesen sein, irgendeine Art von Verstrickung, eine Abhängigkeit, die sie alles andere ausblenden ließ.

Meine Großmutter hat später nie geheiratet, sich nie länger an einen Mann gebunden. Egal, wer nach dem Krieg kam und wer ging: Das Foto von Amon hing immer an derselben Stelle. Auch deshalb denke ich, dass die Beziehung zu Amon Göth mehr war als eine reine Kosten-Nutzen-Rechnung.

Diese offenbar grenzenlose Liebe – ich kenne das Gefühl, ich bin genauso: Wenn ich jemanden liebe, dann liebe ich bedingungslos. Deshalb kann ich meine Großmutter auch verstehen. Männer, die ich liebe, erhalten von mir eine Art Freifahrtschein: Im Prinzip können sie tun und lassen, was sie wollen, sie behalten immer einen

Platz in meinem Herzen. Natürlich sage ich ihnen das nicht, und es bedeutet auch nicht, dass ich ihr Verhalten immer gut finde oder toleriere. Aber die Liebe als Grundgefühl bleibt.

Mir drängt sich die Frage auf, wie ich mich an Stelle meiner Großmutter verhalten hätte. In ihr spiegele ich mich: Wäre ich diesem sadistischen Mann verfallen? Eine eindeutige Antwort kann ich nicht geben, aber schon bei dem Gedanken, dass jemand seine Angestellten mit dem Ochsenziemer schlägt, dreht sich mir der Magen um.

Meine Mutter sagte zur Entschuldigung meiner Großmutter: Vom Schlafzimmer der Göth-Villa konnte man gar nicht bis zum Lager sehen. Und Juden im Lager sollen über meine Großmutter gesagt haben: Sie ist eine von uns. Sie hieß ja Ruth, ein jüdischer Name.

Soll ich das glauben? Oder bin ich nur froh, dass ich eine Entschuldigung habe? Ich bin gefangen in einem inneren Zwiespalt: Einerseits will ich das schöne Bild von meiner Großmutter aufrechterhalten. Auf der anderen Seite möchte ich die Wahrheit wissen. Während meines Studiums habe ich Quellen gesammelt, sie verglichen. Am Ende zählen nicht die Mutmaßungen, sondern die belegbaren Fakten. Auch über meine Großmutter habe ich viel Material zusammengetragen, um mir ein besseres Bild machen zu können.

Ich bin kein Richter, es steht mir nicht zu, über meine Großmutter zu urteilen. Ich möchte sie nur so sehen, wie sie wirklich war.

Als ich las, dass sie wohl versucht hat zu helfen, war ich zuerst erleichtert und dachte: Sie war nicht wie mein

Großvater, vielleicht stand sie auf der Seite der Guten. Vor den Opfern schäme ich mich heute für diesen Gedanken.

Ich stellte mir die Szene mit den Dienstmädchen noch einmal bildlich vor: Meine Großmutter, die neben Helen in der Küche steht und dieser Frau, die jede Sekunde um ihr Leben fürchten muss, sagt: Ich würde dir ja helfen, wenn ich nur könnte. Darin liegt auch eine große Kälte. Ein Stück ist sie auf Helen zugegangen, aber letztlich hat sie sie doch im Stich gelassen.

Sie hat das Leid der Dienstmädchen gesehen, sie war sich bewusst, dass sie sich in einem Konflikt befand. Genau das ist das Fatale: Sie konnte Richtig und Falsch unterscheiden. Sie hätte die Wahl gehabt. Aber sie war zu egoistisch, um diesen inneren Konflikt an die Oberfläche zu holen.

Sie hat andere Menschen bedauert und auch einigen geholfen. Aber reicht das? Beileibe nicht. Das kann sie meinetwegen hundertmal gemacht haben, tausendmal. Aber letztlich hat sie nie eine Konsequenz daraus gezogen. Sie war sich selbst die Nächste.

Ich denke, dass es einen Unterschied zwischen mir und meiner Großmutter gibt, einen sehr gravierenden: Ich könnte nie mit einem Mörder zusammenleben, würde an meiner Seite keinen Menschen ertragen können, der andere Menschen quält.

*

Wenn Jennifer Teege von ihrer Großmutter spricht, wird ihre Stimme weich, ihre Augen strahlen.

Sie schwankt zwischen Ablehnung und Zuneigung, Angriff und Verteidigung. An der Großmutter arbeitet sie sich ab.

«Davon habe ich nichts gewusst.» Diesen Satz hat Ruth Irene Kalder nach dem Krieg oft wiederholt. Es ist ein Satz, der die Jugend vieler Deutscher begleitet hat. Die Eltern oder die Großeltern behaupteten, nichts geahnt zu haben von der Ermordung unzähliger Menschen – und die Kinder und Enkel wussten nicht, ob sie ihnen glauben konnten, glauben durften.

Aber ihr müsst doch davon gewusst haben!?

Kann es sein, dass wirklich nichts bis zu den einfachen Leuten durchdrang?

2011 wurde erstmals das Tagebuch des Friedrich Kellner aus den Jahren 1939 bis 1945 veröffentlicht. Friedrich Kellner war zu jener Zeit ein einfacher Justizbeamter, er stammte aus kleinen Verhältnissen und lebte bis zu seinem Tod 1970 in der hessischen Provinz. Er hatte keinen Zugang zu Geheimakten, sondern schrieb nur zufällig Gehörtes, Informationen aus Gesprächen im Ort und vor allem aus den jedermann zugänglichen Zeitungen nieder. Sein Tagebuch belegt, was auch diejenigen, die «nichts wussten», wissen konnten über Diktatur, Krieg und Holocaust. 1941 schrieb Friedrich Kellner beispielsweise: «Die ‹Heil- und Pflegeanstalten› sind zu Mordzentralen geworden.» Er hatte beobachtet, dass auffällig viele Anzeigen über Todesfälle in Heil- und Pflegeanstalten in den Zeitungen erschienen. Außerdem war ihm der Fall eines Elternpaares zugetragen worden, das seinen psychisch kranken Sohn gerade noch rechtzeitig aus einer solchen Anstalt nach Hause geholt hatte. Zur selben Zeit, unmittelbar nach dem Überfall auf die Sowjetunion, erreichten Friedrich Kellner Nachrichten über Massenmorde an Juden: «Ein in Urlaub befindlicher Soldat berichtet als Augenzeuge fürchterliche Grausamkeiten in dem besetzten Gebiet in Polen. Er hat gesehen, wie nackte Juden u. Jüdinnen, die vor einem langen, tiefen Graben aufgestellt wurden, auf Befehl der SS von Ukrainern in den Hinterkopf geschossen wurden u. in den Graben fielen. Der Graben wurde dann zugeschaufelt. Aus den Gräben drangen oft noch Schreie!!» Im September 1942 wurden aus Kellners Heimatort Laubach zwei jüdische Familien deportiert, dazu heißt es in seinem Tagebuch: «In den letzten Tagen sind die Juden unseres Bezirks abtransportiert worden. Von hier waren es die Familien Strauß u. Heinemann. Von gut unterrichteter Seite hörte ich, daß sämtliche Juden nach Polen gebracht u. dort von SS-Formationen ermordet würden.»

Seit der Künstler Gunter Demnig im Jahre 1996 damit begann, in über 800 deutschen Städten und Dörfern «Stolpersteine» zu verlegen – kleine Gedenktafeln aus Messing vor den Häusern, aus denen die Nationalsozialisten Menschen abholten –, ist es augenfällig: In mancher Straße findet man vor jedem dritten Haus Namen, einzelne oder die ganzer Familien. In diesen Straßen kann es nicht zu übersehen gewesen sein, dass Nachbarn fehlten: die jüdische Familie, das Mädchen mit Down-Syndrom, der Homosexuelle, die Kommunistin.

Aber in vielen deutschen Familien wurden den Eltern und Großeltern nie kritische Fragen gestellt. «Die Nazis» – das waren die anderen. Es war so unvorstellbar, dass der freundliche Großvater an der Front Verbrechen begangen und die gutmütige Großmutter Hitler zugejubelt hatte. So unvorstellbar wie es lange Zeit für Jennifer Teege war, dass ihre Großmutter es sich am Rand eines Konzentrationslagers gutgehen ließ.

Nur bei wenigen wird die Lebenslüge, die Schizophrenie

der eigenen Geschichtsschreibung so deutlich wie bei Ruth Irene Kalder. Sie war keine Täterin, aber Zuschauerin und Profiteurin. Amon Göth machte seine SS-Karriere, sie machte mit. Amon Göth bleibt einem fremd, von ihm kann man sich abgrenzen – aber in Ruth Irene Kalder, der verführten Opportunistin, kann man sich, zumindest ein Stück weit, wiedererkennen.

Als sie 1946 in der Wochenschau von der Hinrichtung Amon Göths erfuhr, soll Ruth Irene Kalder geschrien und getobt haben. Monika Göth erzählte, ihre Großmutter Agnes Kalder habe später behauptet, Ruth Irenes Haare seien danach plötzlich weiß gewesen, sie habe sie dann schwarz gefärbt.

Monika Göth berichtete auch, ihre Mutter habe später immer wieder den amerikanischen Spielfilm «Lasst mich leben» mit Susan Hayward in der Titelrolle angeschaut: Der Film ist ein engagiertes Plädoyer gegen die Todesstrafe, er zeigt, wie eine unschuldige Frau in den USA wegen Mordes hingerichtet wird.

Auch «Der dritte Mann» soll einer der Lieblingsfilme von Ruth Irene Kalder gewesen sein. In der schönen Schauspielerin Alida Valli habe sie sich wiedererkannt. Alida Valli spielt in dem berühmten Nachkriegsfilm die Freundin des Kriminellen und Mörders Harry Lime, dargestellt von Orson Welles. In unbedingter Loyalität hält sie zu ihrem Geliebten, treu bis ans Grab.

Ruth Irene Kalder hatte nach Aussage ihrer Tochter Monika neue Beziehungen zu Männern, aber keinen habe sie so geliebt wie Amon Göth. Nach dem Krieg war sie kurz mit einem US-Offizier zusammen. Er finanzierte ihr einen Englisch-Sprachkurs. Auch als der Amerikaner wieder daheim in

Texas bei Frau und Kind war, schickte er Ruth Irene Kalder regelmäßig Liebesbriefe und monatliche Schecks, bis zu ihrem Selbstmord 1983.

1948, zwei Jahre nach Amon Göths Hinrichtung, bat Ruth Irene Kalder die amerikanischen Behörden, seinen Nachnamen annehmen zu dürfen: Nur die Wirren am Ende des Krieges hätten eine Hochzeit verhindert.

Göths Vater Amon Franz Göth, der mit Ruth Irene Kalder in Briefkontakt stand, unterstützte das Anliegen: Er bestätigte, dass sich sein Sohn vor Kriegsende mit Ruth Irene Kalder verlobt habe. Da Amon Göths zweite Ehe schon geschieden war, durfte Ruth Irene ihren Mädchennamen «Kalder» ablegen. Sie hieß von nun an Ruth Irene Göth.

In ihren Erzählungen lebte Amon Göth fort: als Wiener Gentleman, charmant, humorvoll, leider im Krieg den Heldentod gestorben. Über die Verbrechen in der Kriegszeit sprach Ruth Irene Göth nie, darin unterschied sie sich nicht von den meisten ihrer Zeitgenossen. Als ihre Tochter Monika nicht aufhörte nachzufragen, schlug die Mutter auf sie ein.

Monika Göth beschrieb ihre Mutter als selbstbezogene, kalte Frau, die sich vor allem um ihre Schönheit kümmerte, sich später liften ließ und dabei gleich die von ihr als «jüdisch» empfundene Nase richten ließ. Eine Frau, die eine lebenslange Unzufriedenheit vor sich her trug, weil die Welt ihr zu früh ihre große Liebe genommen hatte.

Von den geraubten Reichtümern, die Amon Göth in Płaszów angehäuft hatte, scheint seine Lebensgefährtin nichts beiseitegeschafft zu haben. Ruth Irene Kalder arbeitete als Sekretärin. Zusätzlich ließ sie sich für Modeaufnahmen fotografieren, abends arbeitete sie oft noch in einer Schwabinger

Bar, der «Grünen Gans». Ihre Mutter sei gern durch Schwabing getrippelt, ihr Kleid passend zum Lippenstift, ihren ebenfalls perfekt frisierten Pudel «Monsieur» an ihrer Seite, so beschrieb es Monika Göth.

Für ihre Tochter und deren Probleme habe sie sich nicht interessiert. «Die Ruth, die hat so wenig berührt», sagte Monika Göth über sie. «Gefühle gab's nur für den Toten, für den Amon.»

*

Das Buch über meine Mutter ist eine doppelte Entzauberung meiner Großmutter. Sie wird darin gleich zweimal als herzlos und egoistisch beschrieben: in der Zeit im Konzentrationslager, an der Seite des Täters – und danach als furchtbare Mutter. Mehr noch: als eine Art Mutter-Monster, das ihr Kind vernachlässigt und schlägt. Meine Mutter klagt sie massiv an. Sie lässt fast kein gutes Haar an ihr.

Ich empfinde das meiner Großmutter gegenüber als nicht gerecht. Sie ist tot, sie kann sich nicht mehr wehren.

Gleichzeitig merkt man dem Buch an, wie intensiv sich meine Mutter ihr Leben lang mit ihr auseinandergesetzt hat. Trotz allem hatten die beiden immer Kontakt. Meine Mutter wohnte eine Zeitlang bei Irene, als sie mit mir schwanger war.

Auffällig ist, wie eng die Bindung meiner Mutter an ihre Großmutter Agnes war, die Mutter von Irene. Meine Mutter verbrachte ihre gesamte Kindheit in der Schwabinger Wohnung mit Mutter und Großmutter. Ein Dreimäderlhaushalt – drei Frauen, drei Generationen unter einem Dach. Die Männer – mein Urgroßvater und Amon Göth – waren tot.

Meine Großmutter war auf Monika und ihr gutes Verhältnis zu Agnes eifersüchtig, sie fühlte sich als Fremdkörper zwischen den beiden eng verbundenen Frauen, so steht es im Buch über meine Mutter. Agnes war in der Kindheit meiner Mutter ihr Ruhepol, ihre Stütze und ihr Halt.

Manchmal denke ich, die Dinge wiederholen sich: So wie meine Mutter ein inniges Verhältnis zu ihrer Großmutter hatte und ein schwieriges zu ihrer Mutter, so fühlte ich mich bei meiner Großmutter aufgehoben und bei meiner Mutter unwohl. Offenbar überspringt die Liebe in meiner Familie immer eine Generation.

Immer wieder betont meine Mutter, wie wichtig meiner Großmutter ihr Äußeres war: dass sie so schön war, aussah wie die junge Elizabeth Taylor. Während Irene immer schick angezogen war, musste Monika angeblich in löcherigen Klamotten herumlaufen.

Irene wird auf ihr Versagen als Mutter reduziert – und auf ihre Eitelkeit, als hätte sie ihr halbes Leben im Bad mit ihren Schminktöpfchen verbracht.

Ich glaube nicht, dass Irene nur eitel und egoistisch war. Sie war eine attraktive und ungewöhnliche Frau. Sie hat sich keinen Versorger gesucht, wie es im Deutschland der Nachkriegszeit üblich war, sondern stand auf eigenen Füßen: Sie arbeitete als Sekretärin, lange Zeit im Goethe-Institut. Noch eine Gemeinsamkeit: Auch ich habe im Goethe-Institut gearbeitet, in Israel neben meinem Studium.

Für ihre Generation ungewöhnlich: Meine Großmutter sprach sehr gut Englisch, las die britische «Times». Ihre Wohnung war voller Bücher, Tucholsky, Böll, Brecht. Sie interessierte sich für Theater und Literatur. Angeblich hat sie die SPD gewählt und war eine Anhängerin Willy Brandts.

Für ihre Zeit war meine Großmutter tolerant: Sie teilte eine Zeitlang mit dem Transvestiten «Lulu» die Wohnung, zog mit ihm und seinen schwulen Freunden durch Schwabing. Meinen Vater hatte meine Mutter kennengelernt, weil ein Bekannter von ihm, ebenfalls Afrikaner, bei meiner Großmutter zur Untermiete lebte. In den sechziger und siebziger Jahren in München einen Schwarzen bei sich wohnen zu lassen, war nicht selbstverständlich. Sie war keine Rassistin.

Gern hätte ich alte Freunde meiner Großmutter zu ihr befragt. Aber ich kenne nur Berichte von Journalisten über sie – und die Einschätzungen meiner Mutter. Beide Quellen bezeugen fast nur Schlechtes. Meist kann ich mich auf mein Bauchgefühl verlassen, ich habe ein gutes Gespür für Menschen. Habe ich mich in meiner Großmutter wirklich so getäuscht?

Von meinen Adoptiveltern erhielt ich mit etwa siebzehn Jahren eine Postkarte meiner Großmutter. Sie hatten die Karte zurückgehalten, weil sie dachten, ich würde sonst zu sehr zwischen meiner alten und meiner neuen Familie hin- und hergerissen. Meine Großmutter hatte mir die Karte bereits zum siebten Geburtstag geschickt, zusammen mit einem Kinderbuch, das sie für mich ausgesucht hatte. Ich hätte diese Dinge gern schon früher bekommen. Es wäre hilfreich und wichtig für mich gewesen, schließlich waren es greifbare Gegenstände, Erinnerungen an meine leibliche Familie, die mit der Adoption plötzlich aus meinem Leben verschwunden war.

Die Karte meiner Großmutter zeigt ein Bild von Paula Modersohn-Becker: «Bauernmädchen mit verschränkten Armen». Ein ernst und stolz blickendes Mädchen ist darauf zu sehen, die Hände hat es vor dem Körper verschränkt. Es ist etwa so alt, wie ich damals war, als meine Großmutter die Karte schrieb. Irenes Schrift sieht aus wie gemalt. Meine Großmutter hat sich Mühe beim Schreiben gegeben, diese Sorgfalt ist typisch für ihre Generation. Sie schrieb: «Liebe Jennifer, einen wunderschönen Geburtstag wünsche ich Dir und noch 364 schöne Tage im neuen Jahr dazu! Liest Du gern? Ich hoffe es, dann macht Dir das Buch sicher Spaß. Ich denke sehr oft an Dich. Sag Deinen Eltern, daß ich sie sehr herzlich grüßen lasse! Deine Irene.» Die Karte ist nett und herzlich. Ich freue mich über das «Deine» vor Irene.

*

Jennifer Teeges Adoptivmutter Inge Sieber erinnert sich, dass Jennifer als kleines Kind eine Zeitlang gehofft habe, ihre Großmutter würde sie zu sich nehmen.

Einmal, noch vor der Adoption, habe Ruth Irene Göth Jennifer in ihrer neuen Familie besucht. Sie rief vorher an und fragte, ob sie vorbeikommen dürfe. Die Adoptiveltern luden sie zum Kaffee ein. Jennifers Adoptivmutter fand Ruth Irene Göth freundlich und aufmerksam. Sie habe einen langen Patchwork-Rock getragen und nicht ausgesehen wie eine Oma: «Sie hatte

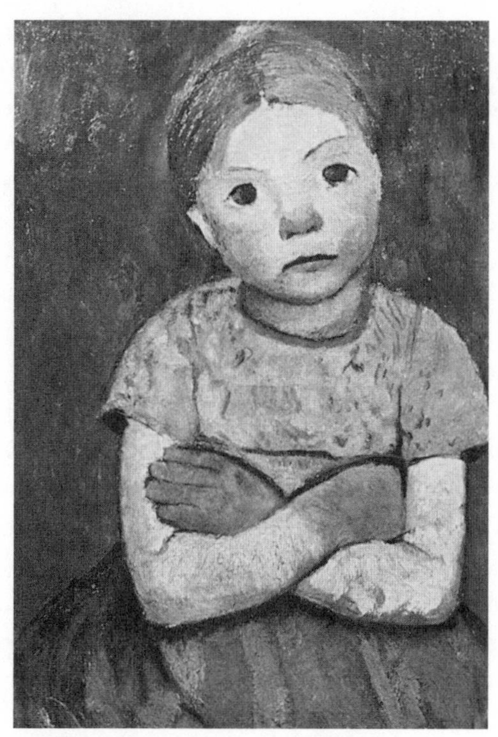

Paula Modersohn-Beckers Gemälde «Bauernmädchen mit verschränkten Armen».
Diese Karte schickte Ruth Irene Göth ihrer Enkelin Jennifer zum siebten Geburtstag.

diesen lässigen Schick der Schwabinger Szene. Auffällig, extravagant, aber trotzdem nicht aufgesetzt. Ich war 25 Jahre jünger, aber neben ihr kam ich mir vor wie ein Hausmütterchen.» Ein paar Stunden habe Jennifers Großmutter auf der Couch gesessen, sie sei sehr interessiert an Jennifers neuer Familie gewesen und habe viel gefragt.

Ungefähr zur selben Zeit, Mitte der siebziger Jahre, besuchte der israelische Historiker Tom Segev Ruth Irene Göth in ihrer Schwabinger Wohnung.

Segev war damals noch kein international bekannter Wissenschaftler und Publizist, sondern ein junger Doktorand an der Universität Boston. Für seine Promotion über KZ-Kommandanten reiste er durch Deutschland und traf die nächsten Angehörigen und Freunde vieler NS-Täter. Von ihnen erhoffte er sich Antworten auf die Fragen nach den Motiven und der seelischen Verfassung der KZ-Kommandanten. Später erschien seine Arbeit bei Rowohlt unter dem Titel «Die Soldaten des Bösen. Zur Geschichte der KZ-Kommandanten».

Seine Studie gibt nicht nur Aufschluss über die Psyche der Kommandanten, sondern auch über die ihrer nächsten Angehörigen, meist ihrer Witwen. Segev schreibt: «Sie erklärten sich zu einem Gespräch mit mir bereit, weil eine Vergangenheit sie verfolgte, der sie nicht zu entkommen vermochten ... Jeder dieser Leute hoffte, es würde ihm gelingen – und sei es auch nur ein klein wenig –, seine Vergangenheit reinzuwaschen.»

Alle Befragten verharmlosten die Zeit im Lager. Fanny Fritzsch zum Beispiel, die Witwe des Auschwitz-Schutzlagerhaftführers Karl Fritzsch, hatte «keine Schwierigkeiten, sich die Greuel zu erklären, die man ihrem Mann vorwarf: Sie hatte einfach beschlossen, daß sie nie stattgefunden hatten», schreibt

Tom Segev. In Auschwitz sei niemand umgekommen, so Fanny Fritzsch. Sie erzählte Segev, Fritzsch sei der «beste Mann auf Erden» gewesen, die gemeinsamen Kinder habe sie nach seinem Vorbild erzogen.

Ruth Irene Göth sticht aus der Reihe der Interviewten heraus: Zwar verharmlost auch sie die Taten Amon Göths, aber gleichzeitig liefert sie laut Segev einen Auftritt als verruchte Witwe und schwelgt geradezu in Erinnerungen an die Zeit im Lager. Segev schildert den Besuch bei Ruth Irene Göth so:

«In den späten siebziger Jahren wohnte Ruth Göth ... in einer Wohnung, die schon bessere Zeiten gesehen hatte. Sie empfing mich in einem chinesischen Wickelkleid. Staubbedeckte dunkelgrüne Samtvorhänge und schwere Möbel verliehen der Wohnung eine düstere Atmosphäre. Sie setzte sich auf die Couch, legte die Beine übereinander und rauchte, durch eine lange Zigarettenspitze, eine Zigarette nach der anderen, den kleinen Finger kokett nach oben gespreizt. Es war eine sorgfältige Inszenierung; als ehemalige Schauspielerin fiel es ihr nicht schwer, einen Nihilismus zur Schau zu tragen, der an die Zeit der Weimarer Republik erinnerte. ‹Ach ja, Płaszów›, sagte sie mit belegter, leicht kehliger Stimme, ‹ja, ja, Płaszów.› Sie hielt inne und meinte dann plötzlich: ‹Man wird Ihnen berichten, daß ich dort ein Pferd besaß und daß ich eine Hure war. Ich habe in der Tat mit einer ganzen Anzahl von Offizieren verkehrt. Doch nur bis ich Göth fand. Und er schenkte mir ein Pferd. Ich bin damals sehr gern geritten. Ach ja, Göth – welch ein Traum von Mann!› Ich konnte mich des Eindrucks nicht erwehren, daß sie jeden Augenblick ihrer Vorstellung genoß ... ‹Es war eine schöne Zeit›, sagte seine Witwe. ‹Wir waren gerne miteinander. Mein Göth war König, ich war Königin. Wer würde sich das nicht gefallen lassen?› Es tue ihr lediglich leid, daß alles zu Ende sei, sagte sie.»

Über die Opfer Amon Göths sagte Ruth Irene Göth noch zu Tom Segev: «Das waren ja nicht wirklich Menschen wie wir. Sie waren doch so verdreckt.»

*

Ich stehe auf dem Wachturm und überblicke das weite Areal des Konzentrationslagers Auschwitz-Birkenau. «Mindestens so groß wie 100 Fußballfelder», schätzt ein Mitreisender neben mir auf Deutsch.

Auf dem Turm weht ein eisiger Wind. Ich überlege, ob ich den Reißverschluss meiner Jacke zuziehen soll. Die Menschen hier haben entsetzlich gefroren. Kann ich ihre Gefühle, ihre Verzweiflung besser nachempfinden, wenn ich meine Jacke offen lasse? Muss ich sie offen lassen? Muss ich mir vorstellen, wie sie zu mehreren in Stockbetten in der zugigen Baracke lagen, ohne Öfen, ohne Heizung, nachts nicht zur Toilette durften, und wenn einer von ihnen unter Durchfall litt, mussten sie sehen, wie sie klarkamen?

Bringt meine Reise nach Auschwitz überhaupt irgendetwas, steht nicht schon alles in den Geschichtsbüchern?

Ich bin das erste Mal hier, aber wenn ich ein Konzentrationslager zeichnen müsste, dann so: Das Tor von Auschwitz-Birkenau, die Gleise, die hineinführen, der weite Himmel über den Baracken. Wenn ich «KZ» denke, diese zwei Buchstaben, dann sehe ich die Gleise von Birkenau vor mir – und die Gesichter der ausgemergelten Menschen nach der Befreiung der Konzentrationslager, ihre großen

Augen tief in den Höhlen. Es sind Bilder, die nicht nur in meinem Gedächtnis fest verankert sind, sondern in dem der meisten Menschen.

Ich gehe an den Gleisen entlang. Sie enden abrupt. Die Menschen, die hier aus den Viehwaggons stiegen, oft schon halb tot, wurden an der Rampe eingeteilt: die, die direkt in die Gaskammern mussten, und die, die noch arbeiten sollten. Hier kamen wahrscheinlich auch die Züge aus Płaszów an.

Am Ende der Wiese, vor den Birken, standen die Gaskammern und Krematorien. Kurz vor ihrem Abzug im Januar 1945 bauten die Nazis die Gebäude ab und sprengten das letzte Krematorium.

Über eine Million Menschen sind hier gestorben. Die Besucher stehen jetzt auf ihrer Asche.

Einige der Mitreisenden stellen viele Fragen, ich beschränke mich aufs Zuhören. In der Kinderbaracke hängen an den nackten kalten Wänden naive Zeichnungen. Bilder einer heilen Kindheit: Kinder mit einer Puppe, einer Trommel, einem kleinen Holzpferd zum Ziehen. Ich muss an meine eigenen Söhne denken. Die Kinder hier waren allein, ohne Schutz.

Der Reiseführer drängelt, wir müssen zurück zum Bus, gleich fahren wir weiter nach Auschwitz I, dem kleineren Stammlager. Nach ein paar Minuten sind wir da. Ich gehe durch das Tor mit dem Spruch «Arbeit macht frei», ich erkenne es sofort wieder. Auch dieses Tor habe ich schon unzählige Male auf Fotos gesehen. Es ist merkwürdig, jetzt dort hindurchzugehen, irgendwie unwirklich.

Am Mahnmal des KZ Płaszów stand ich gestern nicht nur als Jennifer Teege, sondern auch als Enkelin von Amon Göth. Mein Großvater war dort die zentrale Figur, deshalb betraf der Ort mich unmittelbar. Jetzt, einen Tag später in Auschwitz, bin ich eine Besucherin unter vielen.

Die Tour durch das umzäunte Gelände beginnt. Der Weg führt zu einer Reihe roter Backsteinhäuser, darin befinden sich die Ausstellungsräume mit Schaukästen, mit Fotos und Zahlen. So viele Zahlen. Zahlen haben etwas Unpersönliches, sie verwirren mich. Mit Buchstaben komme ich besser zurecht.

Ich gehe von Haus zu Haus, von einem Ausstellungsteil zum nächsten. Auf den Raum, der mich im nächsten Haus erwartet, bin ich nicht vorbereitet: Hinter einer Glasscheibe stapeln sich Brillen. Daneben ein Raum mit Schuhen: Stiefel, Sandaletten, ein roter Damenhalbschuh.

Und dann ein Berg menschliches Haar. Warum muss ich jetzt an meinen letzten Friseurbesuch denken? Nur ein Häuflein Spitzen blieb auf dem Boden zurück. Hier liegen zwei Tonnen. Sieben Tonnen Menschenhaar fand die Rote Armee nach der Befreiung des Lagers, davon sind hier zwei Tonnen ausgestellt. Sieben Tonnen Menschenhaar. Eine unvorstellbare Zahl! Es sind die Haare der ermordeten Frauen und Mädchen, man wollte sie für Filzstoffe und Pullover benutzen.

Noch mehr Vitrinen. Krücken, Prothesen, Holzbeine, Stelzen, Bürsten, Rasierpinsel. Und Schnuller, Hemdchen, zwei kleine Holzpantinen, winzige Strickhandschuhe.

Hinter Glas liegen Koffer mit Kreidebeschriftung. Namen und Adressen. Neubauer Gertrude, Waisenkind.

Albert Berger, Berlin. Auch eine Hamburger Adresse ist dabei.

Ich trete in schmale Gänge, sehe die Fotos von KZ-Insassen, eins reiht sich ans andere. Ich fotografiere gern, am liebsten Menschen. Möglichst nah, damit mir nichts entgeht. Ich schaue mir die Fotos genau an. Manche Häftlinge schauen stolz in die Kamera, andere ängstlich. Die meisten Blicke sind leer. Es sind die Porträts von Toten.

Anfangs wurden ankommende Häftlinge fotografiert, später ersetzte die eintätowierte Häftlingsnummer diese Registrierung. Die Farbe, mit denen die Nummer in den Arm tätowiert wurde, stammte von der Firma Pelikan; in der Schule schrieben wir mit Pelikan-Füllern, Pelikan-Tinte, und dachten uns nichts dabei.

Ich gehe hinaus, setze mich auf eine Bank und atme die frische Luft ein. Ich brauche eine Pause und möchte allein sein.

Später schließe ich mich meiner Reisegruppe wieder an. Hinter hohen Mauern verbirgt sich der sogenannte «Todesblock». Im Hof wurden Häftlinge erschossen. Von außen konnte man nichts sehen, man hörte nur Schreie und Schüsse. Ich gehe nach unten in den dunklen Keller. In den Mauern enge schmale Schächte: Stehkammern, zum Sitzen zu eng. Um hineinzugelangen, musste man kriechen. Vier Männer mussten sich nach der täglichen Arbeit eine Zelle teilen und hier im Dunkeln stehen, die ganze Nacht. Eine Bestrafung für sogenannte Lagervergehen: Ein Häftling wurde zum Beispiel zu sieben Nächten Stehbunker verurteilt, weil er in seinem Strohsack eine Mütze gegen die Kälte versteckt hatte. Erst am nächsten Morgen wurden die Zellen wieder geöffnet. Manchmal war dann einer der Männer tot, die anderen hatten die Nacht dicht gedrängt an eine Leiche verbringen müssen. Ich lasse mir die Details erklären. Wer denkt sich so etwas Grausames aus? Menschen wie mein Großvater. Auch in Płaszów gab es Stehkammern.

Immer mehr Besucher drängen nach unten in den engen Keller. Ich werde von allen Seiten angerempelt und gehe schnell nach draußen. Eigentlich ist es erfreulich, dass so viele Menschen nach Auschwitz kommen, nicht weglaufen vor der Geschichte.

Nahe beim Büro des ehemaligen KZ-Kommandanten Rudolf Höß kommen wir an einem Galgengerüst vorbei: Hier wurde Höß nach dem Krieg gehängt. Der Mann, der den Massenmord in Auschwitz organisiert hat. Ich weiß noch, wie ich las, dass mein Großvater zusammen mit Rudolf Höß nach Polen ausgeliefert wurde und die Menschen sich wütend auf Amon Göth stürzten und ihn lynchen wollten. Ich war bestürzt. Die Szene macht deutlich, wie groß der Hass auf meinen Großvater gewesen sein muss. Nicht erst Spielbergs Film hat ihn zum personifizierten Bösen gemacht, sondern er war schon zu seiner Zeit ein Symbol für den sadistischen Täter.

Um die Höß-Hinrichtungsstätte hat sich eine Gruppe Jugendlicher versammelt. Ich stelle mich etwas abseits und beobachte sie: Was sie in diesem Moment wohl empfinden? Groll? Genugtuung? Oder Gleichgültigkeit?

Eine Gaskammer ist noch erhalten. Auch ein Krematorium steht noch. Der Raum ist düster, die Decken sind niedrig. Ich blicke in das dunkle Loch des Verbrennungsofens, während neben mir Touristen mit ihren Handys die unwirkliche Szenerie filmen.

Irgendwann wird mir alles zu viel. Ich will weg aus Auschwitz. Ich habe das Gefühl, mir drückt jemand die Kehle zu. Dieser Ort ist mir zu schwarz, er ist wie ein tiefes Loch, wie ein Grab, in das es mich zieht. Ich will mich nicht in diesen Sog reißen lassen. Wenn ich mich nur als Enkelin eines Täters sehe, büße und leide, hilft das weder den Opfern noch mir. Es war gut, hier gewesen zu sein. Aber ich will nicht noch einmal herkommen.

Meine Großmutter hätte man hier durchschicken müssen. Hier hätte sie ihre Augen nicht länger verschließen können.

*

Anfang der achtziger Jahre bereitete der Londoner Filmemacher Jon Blair in Absprache mit Steven Spielberg einen Dokumentarfilm über Oskar Schindler vor. Blair leistete damit einen großen Teil der Recherche für den späteren Spielfilm «Schindlers Liste». Er sprach mit Schindlers Witwe Emilie und vielen Überlebenden. Auch die damals 65-jährige Ruth Irene Göth sagte ihm ein Interview zu, obwohl sie schwer erkrankt war; sie litt an einem Lungenemphysem und war zeitweilig auf ein Sauerstoffgerät angewiesen.

Ruth Irene Göth dachte, Blair werde sie nach Oskar Schindler fragen und allein kommen. Stattdessen interessierte sich Blair aber für Amon Göth und rückte mit einem ganzen Filmteam an. Lange befragte er die kranke Frau.

In den alten Videoaufnahmen sieht man eine sorgfältig geschminkte und frisierte Frau, die tiefschwarz gefärbten Haare hochgetürmt, von der schweren Krankheit gezeichnet und immer wieder nach Luft ringend. Sie spricht Englisch und wählt ihre Worte mit Bedacht.

Immer noch verteidigt sie Amon Göth: «Er war kein brutaler Mörder. Nicht mehr als andere. Er war wie alle in der SS. Er brachte ein paar Juden um, natürlich, aber nicht viele. So ein Lager ist natürlich kein Vergnügungspark.»

Sie behauptet, dass Amon Göth vorher nie mit Juden zu tun gehabt habe, nur in diesem Lager. Die blutigen Ghettoauflösungen, die Göth vor und während seiner Kommandantur in Płaszów geleitet hat, erwähnt sie nicht.

Zu Oskar Schindler hatte Ruth Irene Göth auch nach dem Krieg noch sporadischen, freundschaftlichen Kontakt. Im Interview mit Jon Blair sagt sie über ihn, er habe die Juden gut behandelt, aber vor allem deshalb, weil sie ihm nützlich gewesen seien. Schindler, Göth, sie selbst – sie alle seien «gute Nazis» gewesen, «wir konnten nichts anderes sein». Es habe keine Alternative gegeben. Alle hätten sie die Juden nicht gemocht, so seien sie nun mal erzogen worden.

Über sich sagt Ruth Irene Göth: «Ich hatte immer das Gefühl, dass all das falsch war, aber ich habe die Regeln dieser Zeit nicht gemacht. Wenn wir eine Beziehungskrise hatten, sagte ich ihm, ich würde gehen, ich wolle das alles nicht mehr sehen. Da kamen die Dienstmädchen und sagten: Bitte bleib bei uns, du hilfst uns immer, was sollen wir ohne dich anfangen?»

Sie sei der Schutzengel der Mädchen gewesen, sagt Ruth Irene Göth: «Im ganzen Lager hieß es: Der liebe Gott sandte uns einen Engel. Mich.»

Als Blair ihr vorhält, sie hätte die Dienstmädchen nur schützen müssen, weil sie von Amon Göth bedroht und geschlagen worden seien, wehrt Ruth Irene Göth ab: Die meisten hätten zu dieser Zeit ihr Personal nicht besonders gut behandelt.

Letztlich seien es aber nicht die Bitten der Dienstmädchen Helen Rosenzweig und Helen Hirsch gewesen, die sie zum Bleiben veranlasst hätten, sondern ihre Liebe zu Amon Göth, so Ruth Irene: «Er war ein sehr gutaussehender Mann, jeder mochte ihn. Er war hilfsbereit gegenüber seinen Freunden, und er hatte Charme – nur nicht gegenüber den Gefangenen, da wirklich nicht.» Mit ein paar Häftlingen habe Göth mehr zu tun gehabt, einige habe er auch gut leiden können. Aber es seien so viele Juden im Lager gewesen, da könne man ja nicht jeden kennen.

Auf Nachfrage von Jon Blair gibt Ruth Irene Göth jetzt auch zu, dass es alte Menschen und Kinder im Lager gab, jedoch habe sie die Kinder «nie gesehen». Doch dann berichtet sie von dem Kindertransport, vermutlich von Płaszów Richtung Auschwitz, von dem sie bereits ihrer Tochter Monika erzählt hatte: «Ich sah nur einmal, dass sie Kinder auf einem Lastwagen wegbrachten, und ich war niedergeschlagen, es ging mir irgendwie ans Herz. Eine Freundin sagte: Es sind doch bloß Juden.»

Ob sie diese Zeit bereue, fragt Blair, sie antwortet: «Ja, ja, wirklich. Ich schadete niemandem. Niemand kann mir eine böse Tat nachweisen.»

Im Lager sei sie nie gewesen, nie zu einer der Baracken gegangen. Sie sei in der Villa geblieben, in «meinen kleinen vier Wänden». Von der Villa aus habe sie die Häftlinge im Steinbruch sehen können, es seien ganz normale Arbeiter gewesen. Nein, sie habe nicht gewusst, dass Menschen im Steinbruch gestorben seien. Nein, sie habe auch nie die Exekutionen gese-

Frauen bei der Zwangsarbeit im Lager Płaszów

hen, die auf dem Hügel stattfanden, nur wenige hundert Meter von ihrem Haus entfernt.

Gegenüber ihrer Tochter Monika zeigte Ruth Irene Göth kurz vor ihrem Tod erstmals Reue: «Ich hätte mehr helfen sollen. Meine Krankheit ist vielleicht die Strafe Gottes dafür, dass ich es nicht versucht habe.»

Am Tag nach dem Interview mit Jon Blair, am 29. Januar 1983, schluckte Ruth Irene Göth Schlaftabletten.

Vielleicht hatte Ruth Irene Göth Angst vor dem, was nach der Ausstrahlung von Blairs Dokumentation auf sie zukommen würde. Doch das war nicht der Hauptgrund für ihren Freitod: Schon in den Monaten vor den Filmaufnahmen hatte sie über Selbstmordabsichten gesprochen.

In ihrem Abschiedsbrief schrieb sie ihrer Tochter: «Liebe Monika ... Verzeih mir, was ich alles falsch gemacht habe ... Ich gehe. Ich bin ein Wrack. Mir und allen zur Last. Es ist so schwer, mit dieser Krankheit allein eingesperrt zu sein. Ich möchte schlafen und nie wieder aufwachen. Die Angst starrt mich aus allen vier Ecken an. Glaub mir, es fällt mir nicht leicht zu gehen, aber dieses Leben, angekettet an die Couch, ist grauenhaft ... Mach es gut. Sei nicht immer so hart. Ich bin so verzweifelt gewesen. Mein Leben wäre nur noch ein Siechtum geworden ... Behalte mich in guter Erinnerung. ... leicht hast Du es mir auch nicht gemacht. Aber ich habe Dich genauso geliebt, wie Du Dein Kind liebst. Deine Mutter».

Kein Wort über die Zeit mit Amon Göth.

*

Ich konnte es kaum erwarten, meine Großmutter in der Dokumentation über Oskar Schindler zu erleben. So lange hatte ich sie nicht gesehen. Jetzt würde ich sie auf dem Bildschirm betrachten können. Ich habe den Film aus der Stadtbücherei ausgeliehen, in der ich auch das Buch über meine Mutter fand.

Der Film besteht aus vielen Interviews, die der Regisseur Jon Blair mit Zeitzeugen geführt hat. Ich frage mich, wann endlich meine Großmutter erscheint. Ich spule vor und zurück und kann die Sequenz einfach nicht finden. Dann endlich, bei Minute 17, taucht meine Großmutter auf.

Kerzengerade sitzt sie auf einem Stuhl, blickt direkt in die Kamera. Ihr Gesicht ist schön, mit feinen Zügen. Immer noch hat sie etwas Mädchenhaftes. Sie sieht genauso aus, wie ich sie in Erinnerung hatte. Als ob die Zeit stehengeblieben wäre.

Was sie sagt, ist nicht wichtig. Ich höre ihr gar nicht zu, blicke sie nur an.

Ich habe sie vermisst.

Jetzt fehlt ihr die Luft zum Atmen. Ich kann es fast nicht ertragen zu sehen, wie sie nach Sauerstoff ringt. Sie ist todkrank. Sie tut mir leid.

Ich spule immer wieder zurück, schaue mir die Szenen ein zweites, ein drittes, ein viertes Mal an. Erst spät nehme ich wahr, was sie sagt. Immer noch verteidigt sie sich. Sie hatte Zeit nachzudenken, aber sie ist unbelehrbar. Sie hat sich nicht geändert.

Ich bin traurig und wütend. Wütend auf sie, aber auch auf die Filmleute um sie herum. Sie richten die Kamera direkt auf meine kranke Großmutter, lassen sie einfach nicht in Ruhe. Irene antwortet ausweichend. Ihr Englisch

Ruth Irene Göth kurz vor ihrem Selbstmord, 1983

ist ausgezeichnet. Ihre Stimme klingt vertraut, angenehm. Wie früher. Wenn sie nur nicht diese unglaublichen Dinge sagen würde. Ich höre ihre unterdrückte Wut. Sie fühlt sich in die Ecke gedrängt.

Am nächsten Tag wird sie tot sein. Denkt sie während des Interviews schon an die Tabletten, die sie schlucken will? Wann hat sie angefangen, sie zu sammeln? Hat sie die Schreibmaschine schon hervorgeholt, auf der sie den Abschiedsbrief tippen wird? Oder wird ihr erst während dieses Gesprächs klar, dass es so weit ist, dass sie ihrer Krankheit nicht mehr entkommen kann und ihrer Vergangenheit auch nicht?

Immer mehr Fragen prasseln auf sie ein. An ihrem Blick erkenne ich, dass sie in Ruhe gelassen werden möchte, nicht mehr antworten will. Aber die Kamera bleibt auf ihrem erschöpften Gesicht. Ich betrachte ihre Augen. Die mag ich am liebsten. Man sagt, wenn jemand lügt, weichen die Augen aus, flackern, schauen weg nach oben. Aber sie schaut nicht weg. Ihre Augen blicken geradeaus. Ich ertappe sie nicht beim Lügen. Das macht es besonders schmerzhaft: Sie glaubt tatsächlich, was sie da sagt.

Im Abschiedsbrief erwähnt sie die Opfer nicht. Es geht nur um sie, um ihre Krankheit.

Im Brief schreibt sie auch nur von einem Kind, sie meint die zweite Tochter meiner Mutter, meine jüngere Halbschwester. Ich war adoptiert und damit fort. Trotzdem glaube ich, dass meine Großmutter bis zum Schluss an mich dachte.

Ich hätte gerne einen anderen Großvater. Aber ich hätte immer wieder gerne diese Großmutter.

Vielleicht wäre es anders, wenn ich sie noch getroffen hätte, als ich älter war. Wenn ich mit ihr diskutiert hätte, sie auch mir diese Familienlüge weitererzählt hätte, die meiner Mutter das Leben so schwergemacht hat. Dann wäre meine innere Zerrissenheit sicher viel größer. Aber ich habe nie mit ihr diskutiert. Ich war ein Kind.

Das bedeutet nicht, dass ich gegenüber meiner Großmutter loyal bin oder sie in Schutz nehmen möchte. Ich distanziere mich von dem, was sie im Lager getan und leider auch nicht getan hat. Ich distanziere mich von ihren späteren Äußerungen. Aber ich unterscheide ganz simpel zwischen Ruth Irene Göth, der öffentlichen Person, und Irene, meiner Großmutter.

Viele Kinder und Enkel von Nationalsozialisten fühlen sich verpflichtet, sich für ihre Angehörigen zu entschuldigen. Die Enkel tun das nicht mehr so direkt wie die «Büßergeneration» der Nazi-Kinder. Am Anfang habe ich diesen Reflex auch bei mir bemerkt. Diese Angst: Wie reagiert mein Umfeld, wenn ich sage, ich liebe meine Großmutter?

Das Buch über meine Mutter trägt den Titel: «Ich muß doch meinen Vater lieben, oder?» Das impliziert, dass sie ihren Vater eigentlich nicht lieben darf. Der Autor, Matthias Kessler, konfrontiert meine Mutter immer wieder mit den Untaten ihres Vaters. Ich sehe beim Lesen seinen erhobenen Zeigefinger, höre den wertenden Unterton: Diesen Vater, dieses Monster, darfst du nicht lieben!

Aber die Psychologie des Menschen funktioniert anders. Würden meine Kinder etwas Schreckliches tun, dann würde ich ihre Tat mit aller Entschiedenheit verurteilen – aber ich würde nicht aufhören, sie zu lieben.

Oft wird den Nachfahren der Täter unterstellt, sie würden für sich ein psychologisches Gerüst schaffen, um mit den schrecklichen Taten irgendwie klarzukommen und sich der Reste eines guten Vaters, einer guten Großmutter zu versichern: Sie würden sich einreden, der Täter sei doch nur ein Befehlsempfänger gewesen und andere hätten noch viel schrecklichere Verbrechen begangen. Einige Nachfahren würden sich an der Phantasie festklammern, der Täter habe in letzter Minute doch noch alles bereut.

Ich glaube, dass ich das nicht tue. Ich habe mir zwar überlegt, ob Amon Göth seine Taten am Ende noch bereut hat: aber nicht, um ihn – und damit mich – zu entlasten. Sondern vielmehr, weil mich psychologische Zusammenhänge interessieren und ich Amon Göth trotz allem als Menschen sehe – und es ist in der Natur des Menschen angelegt, Mitleid empfinden zu können.

Am Ende hat mein Großvater nicht bereut, sonst hätte er nicht am Galgen die Hand zum Hitlergruß erhoben. Auch meine Großmutter hat nie wirklich bereut, sie hat die Opfer nie richtig gesehen. Sie ist mit geschlossenen Augen durchs Leben gegangen.

Ich werde mich dennoch nicht dafür rechtfertigen, dass meine Großmutter mir weiterhin nahe ist, ich werde es auch nicht begründen. Es ist einfach so.

Als ich ein Kind war, gab sie mir das Gefühl, nicht allein zu sein. Das werde ich ihr nie vergessen.

KAPITEL 4

Ein Leben mit den Toten: Die Mutter Monika Göth

Dieser Amon, der hat unser ganzes Leben beherrscht.
Obwohl er tot war: Er war da.
(Monika Göth 2002)

Ich möchte meine Mutter wiedersehen. Nicht für eine Abrechnung, sondern um sie vieles zu fragen.

Fast 20 Jahre sind seit unserem letzten Treffen vergangen. Wird sie sich wundern, wenn ich mich jetzt melde? Wird sie überrascht sein? Neugierig? Erfreut?

Wird sie mich mögen oder zurückweisen?

Ich hatte mir eine Frist gesetzt: Noch vor Ablauf des Kalenderjahres wollte ich mich bei meiner Mutter melden. In Krakau war ich im Oktober. Es wird November, es wird Dezember, die Wochen vergehen.

Mitte Dezember kann ich nicht mehr weglaufen. Eine Woche vor Weihnachten schreibe ich meiner Mutter einen Brief. Ihre Adresse habe ich aus dem Telefonbuch.

Schon die Anrede ist schwierig: Wie soll ich sie ansprechen: Mutter? Monika? Liebe Monika?

Als Kind habe ich sie «Mama» genannt, aber das liegt so lange zurück.

Ich beginne den Brief mit «Liebe Monika» und wünsche ihr ein schönes Weihnachtsfest. Ich schreibe, dass ich mich sehr freuen würde, sie im neuen Jahr zu treffen. Dazu notiere ich meine Adresse und lege ein kleines Foto von meinem Mann und meinen beiden Söhnen bei. Ein Stück weit lasse ich sie in mein Leben, sie weiß jetzt ein paar Dinge über mich: dass ich in Hamburg lebe, verheiratet bin und zwei Kinder habe.

Ich weiß nur wenig über sie und gleichzeitig so viel: Aus dem Buch und dem Dokumentarfilm über sie, aus dem Internet.

Ich bin auch deswegen nach Krakau gefahren, um meiner Mutter näher zu sein. Dort ist sie selbst gewesen, auf den Spuren ihrer Eltern. Dort hatte sie Helen Rosenzweig getroffen, das ehemalige Dienstmädchen von Amon Göth. In dem Film über diese Begegnung sieht sie einsam und verloren aus.

Für mich war die Reise nach Polen ein wichtiger Schritt, danach ging es mir besser. Nachdem ich meine Blumen am Mahnmal des KZ Płaszów abgelegt hatte, schien es mir, als sei eine schwere Last von mir abgefallen. Ich beschäftige mich nicht mehr ständig mit geschichtlichen Fakten. Wenn ich die Augen schließe, sehe ich nicht mehr meinen mordenden Großvater vor mir, nicht mehr die kranke, nach Luft ringende Großmutter. Ich kann mich wieder meinem eigenen Leben, meinen Kindern zuwenden.

Ich habe Abstand gewonnen. Vielleicht habe ich das geschafft, was meiner Mutter nie gelungen ist.

Ich sehe mir die Fotos von ihr noch einmal an. Manche Bilder machen mir Angst: Sie hat darauf so traurige Augen. Einen verschleierten Blick, der auch mich wieder in die Tiefe ziehen kann.

Aber ohne meine Mutter werde ich nie richtig Bescheid über meine Familie und über meine Vergangenheit wissen. Nur sie kann mir vieles erklären.

Anfangs wusste ich nicht, ob ich sie wirklich treffen will. Nach dem Fund des Buches wollte ich sie am liebsten anschreien, ihr an den Kopf werfen, wie enttäuscht ich war. Wie konnte sie mich erst verlassen, dann totschweigen? Warum hatte sie es nicht für nötig gehalten, mir von den Ungeheuerlichkeiten der Familiengeschichte zu berichten?

Aber ich wusste, es wäre sinnlos gewesen, mich in diesem Zustand bei ihr zu melden. Ich wäre ihr in der Rolle eines kleinen, verletzten Kindes begegnet und zu keinem richtigen Gespräch fähig gewesen.

Ich brauchte Zeit, um sie besser zu verstehen.

Also verhielt ich mich ruhig. Wirklich zulassen konnte ich meine Wut nur in der Therapie. Mein Mann schlug vor, ich solle meine Mutter endlich zur Rede stellen. Auch er war wütend auf sie, das merkte ich, vielleicht noch wütender als ich.

Aber ich hielt es für besser zu warten. Ich dachte über meine Mutter nach. Was ist sie für ein Mensch? Schwierig, rätselhaft. Ich vertiefte mich in die Fotos, die es von ihr gab, schaute mir den Dokumentarfilm über sie und Helen Rosenzweig genau an. Ihr Gang ist merkwürdig, ihre Schultern sind gebeugt, als trüge sie eine schwere Last. Sie tut mir leid. Meine Wut ist nicht mehr so groß.

Wenn ich jetzt ihre Geschichte betrachte, kann ich

besser verstehen, warum sie sich nicht in der Lage sah, mich aufzuziehen. Ich kann auch nachempfinden, warum sie so lange über die Vergangenheit geschwiegen hat.

Ich würde gerne von ihr selbst hören, warum sie mich weggegeben hat. Ich möchte wissen, wie es ihr all die Jahre erging.

Ich sehe sie nicht mehr nur als Mutter, die ihr Kind verließ, sondern als Tochter von Amon Göth. Dieser Vater ist ihr Lebensthema, etwas, das ihre Identität ausmacht. Etwas, das sie so ausgefüllt hat, dass vielleicht kein Raum mehr war für andere Menschen, für die Mutterrolle, für mich.

*

Monika Göth wurde im bayerischen Bad Tölz geboren. Amon Göth war in den Wirren der letzten Kriegstage hierhergekommen und im Mai 1945 von den einrückenden Amerikanern verhaftet worden. Ruth Irene Kalder war ihm nach Bayern gefolgt und brachte im November 1945 die gemeinsame Tochter zur Welt.

Amon Göth schrieb Ruth Irene Kalder einen Brief aus der Haft: «Liebste Ruth, endlich dürfen wir schreiben. Besonders Anfang November habe ich viel gedacht, was war es schwer, Du Arme, und was ist es geworden? Ein Bub oder ein Mädel? Hoffe Euch gesund ...»

Nach der Geburt erkrankte Ruth Irene Kalder an Scharlach. Um die neugeborene Monika kümmerte sich ihre Großmutter Agnes Kalder. Wegen der Ansteckungsgefahr durfte Ruth Irene Kalder ihr Kind die ersten Wochen nur durch eine Scheibe betrachten. Die Distanz zwischen Mutter und Tochter blieb auch später bestehen: Die Großmutter Agnes wurde Monikas wichtigste Bezugsperson, sie war für das Mädchen ihre «Oma». Ihre Mutter nannte Monika nur «Ruth» oder «Irene».

Über ihre Kindheit und Jugend hat Monika Göth dem Autor und Dokumentarfilmer Matthias Kessler ausführlich berichtet.

Als Monika ein halbes Jahr alt war und von ihrer Mutter in Bad Tölz spazieren gefahren wurde, stürzte sich ein Mann auf den Kinderwagen und stach mit einem Messer auf das Baby ein. Monika musste operiert werden, am Hals blieb eine Narbe. Eine Vermutung Ruth Irene Kalders war, ein ehemaliger Płaszów-Häftling habe versucht, Amon Göths Tochter umzubringen.

Als Monika zehn Monate alt war, wurde ihr Vater in Krakau gehängt.

Ruth Irene Kalder, die ihren Nachnamen dann 1948 in Göth änderte, schwärmte weiter von ihrem Amon, genannt Mony. Monika, genannt Moni, war später dabei, als ihre Mutter im Frankfurter Bahnhofsviertel einen alten Freund wiedertraf: Oskar Schindler. Der sah das junge Mädchen an und befand: Ganz der Mony! Monika freute sich zuerst darüber.

Sie wurde erst misstrauisch, als ihre Mutter sie bei einem heftigen Streit plötzlich anschrie: «Du bist wie dein Vater und wirst auch genauso enden wie dein Vater!» Da begann die damals zwölfjährige Monika zu fragen: Der Vater war doch im Krieg gefallen – oder stimmte das etwa nicht?

Die Mutter schwieg. Irgendwann presste Monika aus ihrer Großmutter Agnes Kalder die Wahrheit heraus: «Na ja, man hat ihn halt aufgehängt. In Polen, da haben sie die Juden umgebracht, und dein Vater war auch dabei.»

Juden? Monika kannte keine Juden. Die Familie war inzwischen nach München-Schwabing gezogen, aber auch in der Großstadt hatte Monika noch nichts über den Holocaust erfahren. Später beschrieb sie die Atmosphäre der fünfziger und sechziger Jahre so: «Über Juden redete man nicht nach dem Krieg, die waren ausgestorben wie die Dinosaurier.»

Monika befragte ihre Großmutter weiter: «Und wo war Irene?» Agnes Kalder antwortete: «Die war auch in Polen.»

Monika ging am nächsten Tag zu ihrer Klassenlehrerin und fragte sie, wie das wirklich gewesen sei mit den Juden. Die Lehrerin antwortete ihr nur, sie solle sich lieber um ihre Mathematikkenntnisse kümmern und nicht um Dinge, die sie nichts angingen.

Monika ging zu ihrer Mutter, bohrte nach: Wie viele Juden hat der Vater umgebracht, warum? Waren auch Kinder dabei?

Als Monika weiterfragte, schlug die Mutter auf sie ein.

Ruth Irene Göth relativierte Amon Göths Taten, immer wieder sagte sie zu Monika: Der Mony habe nur ein Arbeitslager geleitet, kein Vernichtungslager. Ein anderer Kommandant, Rudolf Höß, habe ein viel größeres und schlimmeres Lager gehabt, in Auschwitz. Ruth Irene Göth beteuerte: Es habe keine Kinder in Płaszów gegeben, nie habe sie auch nur ein Kind gesehen.

Ruth Irene Kalder behauptete auch, Amon Göth habe nur einige wenige Juden erschossen, aus «hygienischen Gründen», so Monika Göth: «Meine Mutter sagte, die Juden seien nie auf die Toilette gegangen, deshalb hätten sich Seuchen ausgebreitet. Und als der Amon mal ein paar Männer gesehen habe, die nicht auf die Toilette gingen, habe er sie erschossen.»

Monika Göth wuchs auf mit lauter Lügen. Sie war ein Kind,

sie glaubte ihrer Mutter. Sätze, die man als Kind oft gesagt bekommt, setzen sich fest, sie blitzen auch später immer wieder auf, ob wir wollen oder nicht.

Monika Göth wird fast ihr halbes Leben brauchen, um die ganze Wahrheit über ihren Vater und ihre Familie herauszufinden. Sie wird anlesen und anrecherchieren gegen die Fälschungen und Halbwahrheiten in ihrem Kopf und fast wahnsinnig werden dabei.

Es kostet viel Kraft, das Lügengebäude ihrer Mutter einzureißen. Es wäre bequemer gewesen, es nicht zu tun. Denn die Geschichten, die ihre Mutter ihr erzählte, waren schöne Geschichten: Sie handelten von einem Vater, der charmant war, liebenswert und witzig – und der sich letztlich nichts zuschulden kommen ließ. Monika Göth sagte in der Rückschau: «Ich habe meinen Vater früher immer als Opfer gesehen – ein Opfer des Nationalsozialismus, ein Opfer von Hitler, ein Opfer von Himmler.»

Der Münchner Psychologe Peter Bründl sagt, jedes Kind brauche für ein gesundes Aufwachsen die Vorstellung: Ich habe gute Eltern. «Es ist furchtbar, Mörder als Eltern zu haben: Ich, Mörderkind! Deshalb akzeptieren viele das Schweigen der Eltern, und auch sie verstummen; sie fragen nicht nach, was denn da genau während des Krieges passiert ist.»

Die Generation, die in den letzten Jahren des «Dritten Reichs» und danach geboren ist, musste erfahren, dass die Eltern das Gespräch über den Nationalsozialismus verweigerten: Ob SS-Mann oder einfacher Soldat – die meisten Väter, ihre Frauen und Witwen redeten wenig oder gar nicht über die Zeit vor 1945. Sie überließen es ihren Kindern oder später den Enkeln, die Geschichten ihrer Familien neu zu entdecken. Unter dem Deckmantel des Schweigens gediehen Legenden und Vorurteile besonders gut.

Ihre Großmutter Agnes Kalder bat Monika, still zu sein, doch die Jugendliche provozierte ihre Mutter immer wieder. Wenn Ruth Irene Göth ihrer Tochter befahl, das Bad zu putzen, rief Monika: «Ich bin nicht dein Dienstmädchen aus Płaszów!» Wenn ihre Mutter sie schlug, rief sie: «Noch eine drauf, schlag nur zu, du bist schon wie der Alte. Nicht ich bin wie er, sondern du bist wie er.»

Monika Göth war über zwanzig, als sie sich mit dem Wirt der Schwabinger Kneipe «Bungalow» anfreundete. Einmal krempelte der Wirt seine Hemdsärmel hoch, um Gläser abzuspülen. Da sah Monika Göth eine eintätowierte Nummer auf seinem Arm. Erschrocken fragte sie: «Sag mal, Manfred, bist du Jude? Warst du im KZ?» – «Ja», antwortete er knapp. Monika Göth wollte wissen, in welchen Konzentrationslagern er gewesen sei. Ihre Nachfragen waren ihm unangenehm, aber schließlich sagte er, er habe die meiste Zeit in Płaszów verbracht. Monika Göth sagte daraufhin erleichtert: «Mei Manfred, bin ich froh, dass du in keinem KZ gewesen bist, sondern nur in einem Arbeitslager. Dann kennst du auch meinen Vater, gell. Das war doch der Göth.»

Als der Wirt begriff, wurde er blass. Monika Göth sagte später, sie habe immer noch seine Schreie im Ohr: «Dieser Mörder! Dieses Schwein!» Monika Göth wiederholte: «Aber Manfred, du warst doch in gar keinem KZ. Du warst doch im Arbeitslager.» Der Wirt antwortete nicht, stand nur da und zitterte. Danach sprach er tagelang nicht mehr mit ihr.

Monika Göth drängte ihre Mutter, den traumatisierten Mann zu treffen. Ruth Irene Göth erklärte sich zu der Begegnung bereit, erzählte danach aber fast nichts darüber – außer dass der Wirt sie immer wieder gefragt habe: «Warum habt ihr das nur getan?»

Mit knapp vierundzwanzig Jahren verliebte sich Monika Göth in den Freund eines Untermieters ihrer Mutter, einen schwarzen Studenten aus Nigeria. Monika Göth beschreibt ihn als gut aussehenden «Harry-Belafonte-Typ». Sie zog eine Zeitlang zu ihm, doch die Beziehung zerbrach bald. Am 29. Juni 1970 gebar Monika Göth in der Frauenklinik in der Münchner Maistraße eine Tochter, sie nannte sie Jennifer. Jennifer erhielt den Familiennamen ihrer Mutter: Göth.

Monika Göth arbeitete damals an sechs Tagen die Woche als Sekretärin und war immer wieder psychisch krank.

Als ihre Tochter Jennifer vier Wochen alt war, brachte Monika Göth sie ins «Salberghaus», ein katholisches Säuglingsheim nahe München, das von Nonnen geleitet wurde.

*

Drei Wochen sind vergangen, seit ich meiner Mutter den Brief geschrieben habe. Noch immer habe ich nichts von ihr gehört. Ich habe Angst, dass sie sich gar nicht meldet. Vielleicht möchte sie keinen Kontakt mit mir.

Auch deswegen habe ich so lange gewartet, bis ich ihr geschrieben habe: Ich wollte mich stark genug fühlen, um ihr Schweigen auszuhalten.

Die Stille fühlt sich vertraut an. Als ich adoptiert wurde, war sie mit einem Mal weg, ich hörte nichts mehr von ihr, konnte ihr keine Fragen mehr stellen. Ich versuche, gelassen zu bleiben. So lange habe ich für meinen Brief gebraucht. Vielleicht braucht sie jetzt auch Zeit.

Dann, an einem Donnerstag, ein Anruf im Büro. Ich bin nicht da. Man richtet mir aus: Ein Herr Soundso habe um Rückruf gebeten. Es ist Dieter, der zweite Mann meiner Mutter, er ist ungefähr so alt wie sie. Als ich meiner Mutter zum letzten Mal begegnet bin, mit Anfang zwanzig, hatte sie ihn im Schlepptau. Sie hatte ihn einfach mitgebracht, ohne mich zu fragen. Viel lieber wäre ich damals allein mit meiner Mutter gewesen.

Jetzt hat sich Dieter gemeldet, nicht meine Mutter. Ich frage mich, warum sie nicht selber anruft. Schickt sie ihn vor?

Am nächsten Tag rufe ich Dieter zurück. Er sagt mir, er habe versucht, mich zu Hause zu erreichen, ich sei aber nicht da gewesen. Wir unterhalten uns kurz, dann sagt er ganz direkt in seiner bayerischen Mundart zu mir: «Warum rufst du deine Mutter nicht einfach an?»

Einfach? Für mich ist nichts einfach, wenn es um meine Mutter geht.

Dennoch habe ich längst beschlossen, sie anzurufen. Ich brauche endlich Klarheit und will nicht länger warten. Am Samstag sind mein Mann und die Kinder aus dem Haus, ich habe Ruhe. Ich wähle die Vorwahl, dann ihre Rufnummer, es sind nur ein paar Zahlen, sie wohnt auf dem Dorf.

Ich bin aufgeregt. Einmal, zweimal, dreimal lasse ich es klingeln, dann ist sie dran. Sie begrüßt mich und sagt, dass sie sich sehr über meinen Brief gefreut habe. Es klingt, als hätte sie meinen Anruf erwartet.

Ihre Stimme ist mir sofort vertraut. Automatisch denke ich an die Kindertage, an die Wochenenden, an denen ich sie besucht habe.

Ich höre ihr gern zu, ich mag, wie sie spricht. Sie betont die Worte genau und macht längere Pausen. In der Öffentlichkeit wirkt das manchmal theatralisch.

Heute kann ich die Freude aus ihrer Stimme heraushören. Aber sie klingt auch aufgeregt. Ich frage mich, wo sie gerade ist. Ich weiß, dass sie jetzt in einem Einfamilienhaus lebt. Im Film über ihre Begegnung mit Helen Rosenzweig wurden einige Szenen bei ihr zu Hause gedreht.

Steht sie im Wohnzimmer oder im Flur? Geht sie gerade mit dem Telefon durchs Haus? Oder ist sie schon nach draußen geflüchtet, an die frische Luft? Dass sie irgendwo auf einem Stuhl sitzt, kann ich mir nicht vorstellen. Dazu ist sie zu impulsiv, bestimmt will sie herumlaufen. Sie war schon immer ein unruhiger Mensch.

Als Kind hat sie mich nervös gemacht. In ihrer Gegenwart lag eine Anspannung in der Luft. Nie wusste ich, was ich als Nächstes von ihr zu erwarten hatte. Das machte mir Angst. Sie sprach nicht viel, im Gegenteil: Wenn sie mich bestrafen wollte, schwieg sie.

Jetzt, am Telefon, redet sie drauflos. Meine Mutter wundert sich gar nicht, dass ich plötzlich die ganze Familiengeschichte kenne. Sie geht einfach davon aus, dass ich über vieles Bescheid weiß, und erzählt ganz selbstverständlich, springt von einem Detail in ihrem Leben zum nächsten. Am Ende frage ich sie vorsichtig: «Soll ich dich besuchen, wäre dir das recht?» Ohne zu zögern, sagt sie: «Natürlich.» Als ich sie frage, wann es ihr denn passen würde, antwortet sie: «Wenn du kommst, immer.»

Als ich den Hörer auflege, bin ich erleichtert. Dafür, dass ich mich so lange auf den ersten Kontakt mit meiner

Mutter vorbereitet habe, ist das Gespräch gut verlaufen. Sie klang erfreut und nicht ablehnend – das ist mehr, als ich erwartet hatte.

Wir haben uns für den Februar verabredet, ich werde sie in ihrem Heimatort in Bayern besuchen. Vorher fahre ich nach München. Meine Adoptiveltern haben angeboten, meine Söhne für drei Tage in die Berge zum Skifahren mitzunehmen. Ich bleibe so lange in ihrem Haus in Waldtrudering und bereite mich in Ruhe auf das Treffen mit meiner Mutter vor.

Von Waldtrudering in den Münchner Vorort Putzbrunn sind es nur wenige Kilometer. Dort liegt das Salberghaus – das Heim, in dem ich meine ersten drei Lebensjahre verbracht habe. Ich bin schon einige Male hier vorbeigefahren. Ich habe angehalten, die Autoscheibe heruntergelassen und das Gebäude betrachtet, einen dreistöckigen, roten Flachbau. Dahinter liegt der Wald. Vor dem roten Kasten befindet sich ein großer Garten mit Spielgeräten: ein begehbares Schiff aus Holz, eine Hängebrücke, eine Wasserpumpe. Kleine Kinder schaukeln und singen. Gab es die Spielgeräte damals schon? Sicher nicht, alles sieht sehr neu aus. Bisher habe ich das Gebäude immer nur von außen angesehen, jetzt gehe ich hinein.

*

Das Salberghaus, ein Säuglingsheim nahe München, wurde in den sechziger Jahren erbaut. Bis 1987 leiteten es Franziskusschwestern, die im Haus gegenüber wohnten. Im Vergleich zu anderen Heimen hatte das Salberghaus einen guten Ruf. Bei einer Heimbesichtigung durch die Regierung von Oberbayern war der Schwester Oberin bescheinigt worden, dass das Heim «gut geführt» werde. Weiter hieß es im Bericht der Regierung: «... die Säuglinge befanden sich in gutem Pflege- und Ernährungszustand; sie hatten durchweg eine frische Gesichtsfarbe ... Die heitere Gesamtatmosphäre bietet Gewähr für die gesunde Entwicklung der Säuglinge.»

Heute leben im Salberghaus vor allem Kinder, die dringend eine Bleibe brauchen. Ihre Eltern sind mit der Erziehung überfordert, manche sind psychisch krank, drogen- oder alkoholabhängig oder straffällig geworden. Einige Kinder wurden in ihren Familien geschlagen oder sexuell missbraucht. Die Polizei oder das Jugendamt bringen sie ins Kinderheim.

In den siebziger Jahren brachten die Eltern ihre Kinder in der Regel noch selbst dorthin. Häufig waren es alleinerziehende oder berufstätige Mütter, die im Salberghaus um Hilfe baten.

Es gab damals noch kein Recht auf Elternzeit: Mütter mussten wenige Wochen nach der Geburt wieder im Büro antreten, länger wurde ihnen ihr Arbeitsplatz nicht freigehalten. Viele der Frauen arbeiteten an sechs Tagen die Woche Vollzeit. Teilzeit-Arbeitsplätze und gute Kinderbetreuungsmöglichkeiten gab es kaum, auch wenig Hilfsangebote für Mütter. Kinder wurden weit häufiger zur Adoption freigegeben als heute.

Auch bei Jennifer Göth steht in den Akten des Salberghauses als Grund für die Aufnahme im Sommer 1970: «Mutter berufstätig».

Anfang der siebziger Jahre lebten bis zu 200 Säuglinge und Kleinkinder im Heim in Putzbrunn. Sie waren in Gruppen eingeteilt. Jede Gruppe bestand aus zehn bis zwölf Kindern und wurde von ein oder zwei Ordensfrauen geleitet. Die kleineren

Kinder lebten in der «Säuglingsstation», die etwas älteren in der «Krabbelstation».

Heute haben die Kindergruppen Namen wie «Bären», «Grashüpfer» oder «Sieben Zwerge», in den siebziger Jahren wurden sie einfach durchnummeriert. Heute werden die Kinder draußen in Kinderwagen herumgefahren, damals wurden nur die Gitterbettchen auf den Balkon geschoben, damit die Kinder an der frischen Luft waren. Der Sozialpädagoge Wolfgang Pretzer, der das Salberghaus jetzt leitet, sagt: «Auch wenn das Heim nach damaligen Standards sehr gut war: Aus heutiger Sicht war das mehr Versorgung als Betreuung. Damals war weniger Zeit, auf das einzelne Kind einzugehen. Die Gruppen waren größer, es gab weniger Betreuungspersonen als heute.»

*

Meine früheste Erinnerung: Ich liege auf dem Boden und schreie. Um mich herum ist alles dunkel. Ich muss aus dem Gitterbett gefallen sein. Eine Nachtschwester kommt herbei und legt mich zurück aufs Laken. In die Decke gekuschelt schlafe ich wieder ein.

Wir schliefen damals in Gitterbetten mit weißen Stäben, die man zum Öffnen und Schließen an einer Seite herunter und hoch schieben konnte. Eine Schwester hatte vergessen, das Gitter meines Bettes wieder zu schließen.

Als ich selbst schwanger wurde und Kinder bekam, musste ich oft an das Heim denken. Neun Monate waren meine Söhne in meinem Bauch, warm und geborgen. Als Babys habe ich sie dann viel getragen, ihnen vorgesungen und sie in den Schlaf gewiegt. Sie waren immer eng mit mir verbunden, im Mutterleib und auch danach.

Bei mir war die Mutter nach der Geburt einfach weg.

Die Fotos, die ich aus der Zeit im Heim habe, erzählen nichts davon: Auf allen blicke ich fröhlich in die Kamera.

Der Eingangsbereich des Heims sieht freundlich aus, überall hängen bunte Bilder, die die Kinder gemalt haben. Ich habe vorher angerufen und erzählt, dass ich vor mehr als drei Jahrzehnten selbst ein Heimkind im Salberghaus war und mich gern einmal umsehen würde. Der Heimleiter und eine ältere Sozialarbeiterin, die noch die siebziger Jahre miterlebt hat, führen mich herum.

Trotz der vielen Kinder ist es leise. Wir gehen lange Flure entlang, ein paar Kleinkinder kommen uns auf Rutscheautos und Dreirädern entgegen.

Meine Gruppe wurde damals von Schwester Magdalena geleitet. Meine Adoptivmutter hat mir von ihr erzählt, dass sie sehr herzlich und zugewandt war. Die ältere Mitarbeiterin erinnert sich noch: «Die Gruppe von Schwester Magdalena war im Raum bei der Treppe links – dort, wo jetzt die ‹Bären›-Gruppe untergebracht ist.»

Ich darf die Wohnräume einer Kindergruppe betreten. Erst müssen wir klingeln, wie bei einer richtigen Wohnung, dann öffnet eine Betreuerin. Es gibt einen Essraum mit Küche und einen hell und freundlich eingerichteten Wohnraum. Weiter hinten befinden sich drei Kinderzimmer: Je zwei bis drei Kinder schlafen dort – nicht mehr als Gruppe zusammen in einem Schlafraum wie zu meiner Zeit.

Ein kleines Mädchen mit dunklen Haaren und Augenringen im blassen Gesicht kommt mir entgegen, es sieht mich kurz an. Es hat noch kein Wort gesprochen, seit es hier ist, erzählt mir später die Betreuerin der Gruppe. Auch zwei dunkelhäutige Mädchen sind in der Gruppe, ihre krausen Locken stehen ab, sie lachen.

Was haben diese Kinder wohl hinter sich? Vermissen sie ihre Eltern? Wollen sie in ihre Familien zurück?

Zu meiner Zeit im Heim gab es feste Besuchszeiten am Wochenende. Jeden Sonntag, wenn andere Mütter und Väter eintrafen, blickte ich sehnsüchtig zur Tür: Würde meine Mutter heute kommen?

*

Monika Göth besuchte Jennifer nur ab und zu an den Wochenenden, und auch dann fehlte ihr oft die Zeit für das kleine Kind. Sie hatte mittlerweile einen Mann geheiratet, der sie immer wieder verprügelte, einmal schlug er sie vor dem Heim krankenhausreif. Jennifer lernte den Ehemann ihrer Mutter bei ihren Besuchen kennen. Monika Göth sagte später über ihn: «Mein erster Mann war wie der Amon. Den hab ich mir wohl ausgesucht, um mich zu bestrafen.»

Manchmal brachte Monika Göth Jennifer auch zu Ruth Irene Göth in deren Schwabinger Altbauwohnung.

Am 21. März 1971 wurde Jennifer in der Kapelle im Seitentrakt des Salberghauses getauft. Ihre Mutter kam nicht dazu. Schwester Magdalena wurde Jennifers Taufpatin.

*

Ich betrete die schlichte Kapelle, in der ich getauft wurde. Ich frage meine Begleiter, ob ich kurz allein sein kann, und setze mich auf eine Bank.

Im Wohnzimmer meiner Adoptivfamilie steht ein

Jennifer Teege wird in der Kapelle des Kinderheims getauft. Ihre Taufpatin ist die junge Ordensschwester Magdalena.

Tisch mit einer tiefen Schublade. Wir Kinder bewahrten darin unsere Fotoalben auf. In meinem sind auch Fotos von meiner Taufe. Meine Adoptivmutter hatte sie sorgfältig einsortiert. Eine junge blonde Schwester hält mich über das Taufbecken. Das ist Schwester Magdalena, meine Gruppenleiterin und Taufpatin. Sie trägt die weiße Tracht der aktiv im Heim tätigen Nonnen. Neben ihr steht der Pfarrer, er gießt das Taufwasser über meine Locken. Auf einem anderen Foto, das nach der Taufe aufgenommen worden sein muss, hält Schwester Magdalena mich auf dem Arm. Ich bin eingehüllt in ein langes weißes Taufkleid und umgreife mit meiner winzigen dunklen Hand die ihre. In ihrer bodenlangen Tracht und der Haube sieht Schwester Magdalena aus wie eine Madonnenfigur.

Ich denke, dass sie und ihre Helferinnen ihr Möglichstes gaben, damit wir Kinder auch im Heim Liebe und Zuneigung erfuhren. Sie hat versucht, für elf Kleinkinder eine Art Mutterersatz zu sein. Abends hat sie mit uns im Schlafsaal gebetet.

Ich würde sie gern treffen, aber sie lebt nicht mehr im Kloster. Meiner Adoptivfamilie hat sie später einen Brief geschrieben und darin erzählt, dass sie aus dem Orden ausgetreten sei. Sie schrieb darin auch, dass sie mich einmal zufällig mit meiner neuen Familie in der Münchner Innenstadt gesehen habe. Sie habe damals nicht stören wollen, aber sie hoffe, dass es mir weiter gutgehe.

Über den Orden der Franziskanerinnen gelange ich an die E-Mail-Adresse der ehemaligen Schwester Magdalena. Ich schreibe ihr und erhalte sofort eine Antwort, sie beginnt mit den Worten: «Sehr geehrte Frau Teege oder – liebe Jenny?»

Schwester Magdalena erinnert sich noch gut an mich. Sie habe noch viele Fotos von mir, schreibt sie. Ich solle sie doch gerne besuchen, sie wohne mit ihrem Mann nicht weit von München.

Das Einfamilienhaus in einem bürgerlichen Viertel finde ich sofort. Schwester Magdalenas Haare sind jetzt weiß, sie hat kurze Löckchen. Zur Begrüßung umarmt sie mich.

Über ihrer Küchentür hängt ein schlichtes Kreuz, es fällt mir gleich auf. Gott spiele immer noch eine wichtige Rolle in ihrem Leben, erklärt sie mir, die Kirche dagegen kaum. Sie hat nach ihrer Zeit im Orden geheiratet, Kinder bekommen, mittlerweile hat sie mehrere Enkelkinder. Ihr Mann sitzt auch mit am Esstisch. Er ist ehemaliger Priester, spricht mehrere Sprachen und kommt aus der Nähe von Krakau. Płaszów kennt er und auch den Namen Amon Göth. Ich erzähle von meiner neu entdeckten Familiengeschichte. Die beiden hören aufmerksam zu.

An meine Mutter kann sich Schwester Magdalena nicht mehr erinnern, auch nicht an meine Großmutter. Aber sie weiß, dass ich traurig war, wenn ich an den Wochenenden nicht abgeholt wurde. Bei einigen Kindern seien die Eltern öfter gekommen. Ich hätte eine kleine Freundin in der Gruppe gehabt, deren Eltern sie jeden Sonntag besuchten, ich hätte das sehr genau wahrgenommen. Meine Mutter sei anfangs regelmäßig gekommen, später dann nur noch sporadisch.

Damals war meine Gruppenleiterin Ende zwanzig, heute ist sie Ende sechzig, aber sie weiß noch viele Details.

Sie sagt, ich sei ein fröhliches, offenes, unkompliziertes Kind gewesen, sehr beliebt in der Gruppe. Zu jedem ihrer Schützlinge habe sie eine persönliche Verbindung, zu einigen habe sie bis heute Kontakt. Fast keines der ehemaligen Heimkinder habe einen geradlinigen Lebenslauf, viele hätten immer wieder mit Problemen zu kämpfen, erzählt sie mir.

Sie zeigt mir Fotoalben: Schwester Magdalena mit uns im Tierpark Hellabrunn und im Heim beim Besuch des Nikolaus. In meiner Gruppe gab es noch ein anderes dunkelhäutiges Kind, außerdem mehrere körperlich gezeichnete Kinder, eines war auf einem Auge blind, einem anderen fehlte ein Bein.

Meine ehemalige Gruppenleiterin sagt, sie sei für die «Extra-Portion Liebe» zuständig gewesen. Es sei ihr jedes Mal ungeheuer schwergefallen, die Kinder wieder abzugeben, wenn sie das Heim verlassen mussten.

Das Wiedersehen mit Schwester Magdalena ist sehr nett und herzlich. Wir reden und reden, ich möchte gar nicht aufstehen und gehen.

Auf dem Weg zurück nach Waldtrudering überlege ich, wie es wohl war, plötzlich von Schwester Magdalena getrennt zu sein. Im Heim war sie meine wichtigste Bezugsperson. Von einem Tag auf den anderen kam ich in eine Pflegefamilie, meine spätere Adoptivfamilie. Schwester Magdalena sah ich danach nie wieder. Habe ich sie vermisst? Meine Adoptiveltern sagen, ich hätte anfangs immer wieder von ihr gesprochen.

*

Mit drei, spätestens vier Jahren verließen die Kinder das Salberghaus. Bis dahin sollten sie zu ihren leiblichen Familien zurückgekehrt sein oder eine Pflegefamilie gefunden haben, sonst wurde ein anderes Heim für sie gesucht.

An den Wochenenden kamen immer wieder Paare ins Salberghaus, um sich Kinder anzusehen. Kleine süße Babys waren am leichtesten «vermittelbar». Jennifer war über drei, ihre Haut war dunkel. «Schwarze Kinder hatten es damals schwerer; aufs Land haben wir die gar nicht vermittelt, da hätten wir ihnen keinen Gefallen getan», erinnert sich eine ehemalige Mitarbeiterin des Kinderheims.

Jennifer wurde zuerst einer Familie vorgestellt, die schon eine kleine Tochter hatte und sich überlegte, ein gleichaltriges Pflegekind aufzunehmen – aber als sie die hochgewachsene Jennifer sahen, die ihre Altersgenossen einen guten Kopf überragte, entschieden sie sich gegen sie: Jennifer war ihnen zu groß.

Zur selben Zeit meldete sich ein Akademiker-Ehepaar aus München-Waldtrudering beim Jugendamt: Inge und Gerhard Sieber. Sie ist Wienerin und hat in Pädagogik promoviert, er ist Wirtschaftswissenschaftler und kommt aus Bochum. Die beiden hatten in kurzem Abstand zwei Söhne bekommen, die nun drei und vier Jahre alt waren. Es waren schwierige Geburten, beide Kinder kamen zu früh.

Weil das Paar aber immer drei Kinder wollte, schlug Gerhard Sieber seiner Frau vor, doch ein Pflegekind aufzunehmen. Für ihn war das nichts Besonderes: Seine Mutter, die für Jennifer später die «Bochumer Oma» sein wird, und auch seine Schwester hatten immer wieder Pflegekindern ein Zuhause gegeben. Für Gerhard Sieber war es eine schöne Familientradition: eine Zeitlang einem Kind in Not zu helfen.

Inge Sieber erzählt mit immer noch leicht hörbarem, weichem Wiener Einschlag: «Ich war unsicherer als mein Mann. Ich hatte Angst davor, dass wir ein psychisch schwer angeschlagenes Kind bekämen und ich dieser Aufgabe nicht gewachsen sein würde.»

Trotz ihrer Bedenken ging Inge Sieber 1973 mit ihren beiden kleinen Söhnen zum Jugendamt und bewarb sich um ein Pflegekind. An eine Adoption dachten die Siebers zu diesem Zeitpunkt nicht, sie wollten nur möglichst lange einem Kind beistehen: «Eine Adoption war in unseren Augen nur etwas für Menschen, die selber keine Kinder bekommen konnten. Und wir hatten ja zwei Söhne und wollten nicht Kinderlosen, die sich eine Adoption wünschten, ein Kind wegnehmen», so Inge Sieber.

Weiter erzählt sie: «Meine beiden kleinen Söhne tobten dann im Jugendamt so wild herum, dass ich sicher war: Hier vermitteln sie mir bestimmt kein Pflegekind, sondern denken: Diese Mutter bekommt ihre eigenen Kinder ja nicht in den Griff.»

Doch das Jugendamt hielt die Siebers für geeignet. Eine Sozialarbeiterin besuchte die Familie zu Hause, außerdem musste Inge Sieber zu einer Gesundheitsprüfung. Damals wurde vor allem die zukünftige Mutter des Pflegekindes überprüft, es wurde vorausgesetzt, dass sich nur die Frau ums Kind kümmerte. Bei den Siebers war das auch so: Inge Sieber war Hausfrau, kümmerte sich um die Kinder, engagierte sich nebenbei in der Nachbarschaftshilfe, betreute ältere Menschen und gab Schülern Nachhilfe in Latein.

Nach drei Monaten rief das Jugendamt bei Familie Sieber an: «In einem Heim in Putzbrunn gibt es ein Mischlingsmädchen, das dringend einen Pflegeplatz braucht.»

Heute wäre das undenkbar – aber damals wurden die Siebers ohne jegliche pädagogische Beratung oder Begleitung an das Salberghaus vermittelt. Adoptionen und Pflegschaften wurden oft im Hauruck-Verfahren geregelt. In der Chronik des Salberghauses heißt es über die Praxis zu Beginn der siebziger Jahre: «Oft standen zukünftige Adoptions- und Pflegeeltern ohne Voranmeldung vor der Tür, mit einem Schreiben vom Jugendamt, auf dem sinngemäß stand, daß sie berechtigt seien, ein bestimmtes Kind anzuschauen und gleich mitzunehmen. Die Erkenntnis, daß eine Anbahnungszeit zum gegenseitigen Kennenlernen zum Wohle aller notwendig ist, konnte nur mühsam durchgesetzt werden.»

Die Siebers besprachen die Sache mit dem Pflegekind mit ihren kleinen Söhnen. Matthias, der ältere der beiden, erinnert sich: «Sie sagten zu uns: Da ist so ein Mädchen, das schauen wir uns mal an.»

Als die Familie Sieber Jennifer das erste Mal im Kinderheim besuchte, hatten die beiden Jungen ein Bilderbuch für sie dabei: «Willi Waschbär tut das auch», dazu einen blauen Teddy. Inge Sieber sagt: «Wir sahen ein fröhliches Mädchen mit wild abstehenden Haaren – direkt am Kopf wuchsen Naturlöckchen, die äußeren Haare hatte ihre Mutter entkrausen lassen, sie standen wie Stacheln vom Kopf ab. Jenny wurde uns quasi gezeigt – wie eine Ware.»

Ein anderes Mädchen aus dem Heim setzte sich sofort auf Inge Siebers Schoß, schaute sie an und sagte: «Mama, du bist lieb.» Inge Sieber weiß noch, wie bedrückend sie es fand, dass für dieses Heimkind alle Besucherinnen Mamas waren.

Die Familie Sieber ging mit Jennifer spazieren. Danach besuchten sie das Mädchen noch mehrmals im Heim. Schließlich kam Jennifer einen Tag «auf Probe» zur Familie nach Waldtrudering. Inge Sieber servierte zum Mittagessen Hähnchen. Sie erzählt: «Jenny war wohl eher weiche Kinderkost gewöhnt, sie wunderte sich über die Knochen, stocherte im Essen herum, kaute und kaute. Ich fragte: Magst du das nicht? Und da sagte Jenny: Nein! Katze ess ich nicht!»

Den Mittagsschlaf hielt Jennifer im Bett von Matthias, der ihretwegen ins Gästebett umzog. Das Mädchen war freundlich und offen, es schien sich bei den Siebers wohl zu fühlen. Am Ende dieses Tages, bevor sie Jennifer ins Heim zurückbrachten, fragten sie die Dreijährige: «Möchtest du bei uns einziehen?» Jennifer sagte ja.

Inge Sieber zog mit ihren beiden Söhnen los, kaufte einen neuen Milchbecher und fragte die Jungen: «Für wen ist der wohl?» – «Für das kleine Mädchen, das bald unsere neue Schwester wird», antworteten Matthias und Manuel.

Am 22. Oktober 1973 holte Inge Sieber Jennifer endgültig aus dem Heim. Sie erhielt Jennifers Impfpass und eine Liste mit ihren Kinderkrankheiten, Schwester Magdalena überreichte ihr viele Fotos.

Ein Kuscheltier hatte Jennifer nicht dabei, als sie nach über drei Jahren das Heim verließ. Inge Sieber sagt: «Als Erstes machte ich mit Jenny einen kurzen Spaziergang, und wir gingen zum Metzger. Der reichte ihr ein Würschtl über die Theke. Sie lachte ihn an.»

Inge Sieber war überrascht, wie «fröhlich und weit entwickelt» Jennifer war. Sie hatte sich auf ein verschüchtertes, traumatisiertes Heimkind eingestellt. «Aber Jenny war selbstbewusster und selbständiger als meine Söhne. Sie wusste sich im Alltag zu bewegen. Die Heim-Erzieherinnen hatten sie gut vorbereitet, waren mit den Kindern zum Beispiel auch im Ort einkaufen gegangen.»

Auffällig war allerdings, dass Jennifer anfangs nicht von Inge Siebers Seite wich: Sie folgte ihrer Pflegemutter auf Schritt und Tritt, sogar auf die Toilette.

Jennifer war wissbegierig und neugierig, so Inge Sieber. Als sie die Spielsachen von Matthias und Manuel sah, fragte sie: «Wem gehört das?» Inge Sieber antwortete: «Euch allen dreien.»

Matthias, Jennifers älterer Adoptivbruder, sagt, sein Bruder und er hätten sich über die neue Spielkameradin gefreut und sich auf Anhieb mit ihr verstanden. Eifersucht auf die neue Schwester hätte es nie gegeben.

Gerhard Sieber baute ein Dreierstockbett für die Kinder. Jennifer schlief unten, der fast gleichaltrige Manuel in der Mitte, der ein Jahr ältere Matthias oben. Auf einem Foto aus dieser ersten gemeinsamen Zeit sitzen alle drei Kinder lachend auf dem Stockbett, die beiden blonden kleinen Sieber-Jungen in rot-blau gestreiften Schlafanzügen, die schmale großgewachsene Jennifer in einem Nachthemd aus demselben Stoff.

Immer am 22. Oktober, am Jahrestag von Jennifers Einzug in Waldtrudering, überreichte die Familie ihr ein kleines Geschenk. «Der 22. Oktober war für uns so etwas wie Jennys Namenstag», sagt Inge Sieber.

*

Das Foto von uns dreien auf dem Stockbett, in den Schlafsachen mit identischem Muster – ich mag es sehr.

Nachdem Inge und Gerhard uns zu Bett gebracht hatten, ließen wir immer noch unsere Tiere und Puppen miteinander sprechen: Manuel brummte als Teddybär «Grauli», Matthias mischte sich mit seinem Teddybär «Frechi» ein, und mein dunkelhäutiger Puppenjunge «Jimmy» meldete sich auch zu Wort. Wenn wir müde waren, riefen wir: «Gu-te Nacht! Für al-le!» Wir wechselten uns mit den Silben ab. Danach durfte keiner mehr sprechen.

Auf einem anderen Foto tragen wir alle drei Lederhosen und Bergstiefel, stolz stehen wir an einem Gipfelkreuz in den österreichischen Alpen.

Meine Brüder und ich waren schnell eine Einheit. Die beiden waren mir sofort nah, und sie sind es bis heute.

Nachdem ich die ersten Wochen nach meinem Einzug in Waldtrudering bei Inge zu Hause geblieben war, wollte ich bald mit meinen neuen Brüdern in den Kindergarten gehen. Ich kam in dieselbe Gruppe wie Manuel. Morgens trabten wir drei gemeinsam los, sammelten auf dem Weg unsere Freunde ein. Obwohl wir so klein waren, gingen wir die Strecke häufig allein. Auf dem Rückweg hatten wir immer eine kleine Mutprobe zu bestehen: Wer von uns traute sich, ganz nah am Zaun vorbeizulaufen, hinter dem uns ein großer Hund anbellte, den wir nur «Kollege» nannten? Oft schickten mich meine Brüder vor, ich war die Mutigste von uns dreien.

Waldtrudering ist ein ruhiger, gutbürgerlicher Vorort von München. Eine reine Wohngegend, es gibt hier fast nur Einfamilienhäuser, die von großen Gärten umgeben sind. Die Straßen sind nach deutschen Kolonien oder nach Vögeln benannt: «Togostraße», «Kameruner Straße», «Birkhahnweg», «Am Vogelsang». Es gab kaum Läden oder Geschäfte. Als irgendwann ein «McDonald's»-Schnellrestaurant an der Ausfallstraße eröffnet wurde, die Waldtrudering mit der Münchner Innenstadt verbindet, war das schon eine Attraktion.

Die ersten Jahre wohnten wir in einer Erdgeschosswohnung mit Garten, dann zogen wir in ein freistehendes Haus. Die Zimmer waren klein und verwinkelt. Das Treppenhaus wurde nicht geheizt. Öffnete man eine Tür, zog es eiskalt aus dem Flur.

Im neuen Haus hatten meine Brüder und ich ein eigenes Spielzimmer, in dem wir matschen und kneten durften. Die meiste Zeit aber waren wir draußen und spielten in der Natur. Im Sommer war der Garten voller Blumen, zwischen zwei Bäumen baumelte eine Hängematte. Nicht weit entfernt lagen ein Fußballplatz und ein kleiner Berg. Im Winter trafen wir uns mit Nachbarskindern und rodelten den Berg mit unseren Schlitten hinab, überschlugen uns kreischend und lagen abends heiser und müde im Bett.

Am Ende der Straße begannen Felder und Wiesen, dahinter lag ein Wald. Dort spielten wir Verstecken, kurvten mit unseren Fahrrädern herum, gründeten eine Bande und bauten Lager im Wald.

Meine Adoptiveltern besuchten mit uns Kindern «Schwammerlkurse», wir lernten, die Pilze im Wald zu bestimmen. Im Urlaub fuhren wir zum Bergsteigen nach Österreich oder zum Camping nach Italien, oft mit Inges Eltern: meiner Wiener Oma und ihrem Mann.

Meine Mutter sah ich nur noch selten. Anfangs holte sie mich noch gelegentlich zu sich oder brachte mich zu meiner Großmutter Irene. An viele Begegnungen erinnere ich mich nur bruchstückhaft, aber eine Szene habe ich bis heute deutlich vor Augen: Meine Mutter hatte mich bei meinen Adoptiveltern in Waldtrudering abgeholt. Wir saßen im Auto und fuhren Richtung Hasenbergl, das Viertel im Münchner Norden, in dem meine Mutter wohnte. Auf der Fahrt sprachen wir nicht viel, ich blickte die meiste Zeit aus dem Fenster. Irgendwann tauchten die ersten Wohnblöcke auf, gleichförmige graue Häuserzeilen, dazwischen Grünflächen.

Am Rand der Siedlung stellte meine Mutter ihr Auto ab. Wir stiegen aus, gingen zu ihrem Wohnblock. Sie lief voraus, ich mit der Tasche für das Wochenende hinterher. Meine Mutter schloss die Wohnungstür auf, bellend sprang uns ihr Hund entgegen.

Bevor ich eintreten konnte, warf mir meine Mutter schon die Leine zu, rief: «Geh mit ihm raus!» Ängstlich zog ich mit dem Köter los. Unten versteckte ich mich vor den Kindern, die zwischen den Wäscheleinen spielten. Ich kannte sie kaum, aber sie hatten mir schon einige Male «Negerkind» hinterhergerufen.

Als ich mit dem Hund zurückkam, ließ sich meine Mutter auf das Sofa fallen und steckte sich eine Zigarette an. Noch immer war sie wütend auf mich, weil ich nur widerwillig mit dem Hund rausgegangen war. Ich setzte mich zu ihr: «Hey, Mama, was ist los?» – «Nichts ist los», erwiderte meine Mutter.

*

Bevor die Siebers Jennifer zu sich holten, hatten sie nicht ein einziges Mal mit Monika Göth gesprochen, sie kannten sie nur aus den Akten des Jugendamts.

Monika Göth rief dann in unregelmäßigen Abständen bei

der Pflegefamilie an und vereinbarte Termine, an denen sie ihre Tochter zu sich holte oder zur Großmutter Ruth Irene Göth brachte. Die Adoptiveltern wiederum informierten Monika Göth, wenn etwas vorgefallen war, zum Beispiel als Jennifer die Mandeln entfernt wurden. Sie sagten ihr auch vor längeren Familienurlauben Bescheid.

Jennifer hatte nun zwei «Mamas»: ihre Pflegemutter Inge Sieber und ihre leibliche Mutter Monika Göth.

Inge und Gerhard Sieber hatten sich überlegt, wie die Pflegetochter sie nennen sollte. Die Söhne sagten «Mama» und «Papa» zu ihnen, schnell übernahm Jennifer das auch. Inge Sieber sprach von Monika Göth immer als «der anderen Mama»: «Die andere Mama muss arbeiten, deswegen bist du bei uns», sagte sie zu Jennifer.

Jennifers Großmutter Ruth Irene Göth war einmal zu Besuch bei den Siebers, mit ihr verstanden sich die Adoptiveltern bei diesem Treffen gut. Monika Göth dagegen sahen die Siebers immer nur an der Haustür, wenn sie Jennifer abholte. Inge Sieber bat sie nicht hinein. Sie sagt, dass Monika Göth einen kühlen Eindruck auf sie machte und sie keinen Zugang zu ihr gefunden hätte.

Heute ist es Inge Sieber unbegreiflich, warum sie nie mit Monika Göth über Jennifer gesprochen hat.

Denn nach den Wochenenden mit ihrer Mutter sei Jennifer oft sehr unruhig und unausgeglichen gewesen, sagt Inge Sieber. Erzählt habe sie kaum etwas, nur die Großmutter und den Hund der Mutter habe sie erwähnt.

Einmal, so Inge Sieber, habe Monika Göth die damals vierjährige Jennifer nicht selber nach Waldtrudering zurückgebracht, sondern das Mädchen allein in ein Taxi gesetzt.

Als Jennifer sechs Jahre alt war, erwartete Monika Göth eine Tochter von ihrem damaligen Mann Hagen. Monika Göth erklärte sich nun bereit, Jennifer zur Adoption freizugeben – aber nicht in irgendeine Familie, sondern nur zu den Siebers.

Weil Inge Sieber nicht die deutsche Staatsbürgerschaft besaß, sondern Österreicherin war, zog sich das Adoptionsverfahren fast ein Jahr hin. Inge Sieber sollte mehrere Empfehlungsschreiben vorweisen: Freunde und Bekannte bescheinigten ihr, dass sie ihr eine Adoption zutrauten.

Für Jennifer und andere Kinder in ihrem Alter war die Adoption etwas Kompliziertes und Abstraktes. Ein befreundeter gleichaltriger Junge sagte zu Jennifer: «Du bist ja jetzt apportiert, nee, abonniert.» Und als Inge Sieber einmal Jennifer erklärte, dass sie sie gar nicht hätte zur Welt bringen können, weil ihr Adoptivbruder Manuel doch nur ein halbes Jahr älter sei, reagierte Jennifer mit Kinderlogik: «Dann ist es gut, dass ich adoptiert bin, denn sonst wäre ich ja gar nicht geboren.»

Monika Göth schickte ihrer Tochter noch fast drei Jahre lang Briefe und Geschenke, die die Adoptiveltern aber nur zum Teil an Jennifer weitergaben. Als Monika Göth nichts von Jennifer hörte, schrieb sie der Adoptivfamilie einen Brief: Ob es denn in Ordnung sei, dass sie sich ab und an melde? Ob sie ihrer Tochter weiterhin Briefe und Geschenke schicken dürfe?

Inge und Gerhard Sieber schrieben zurück: Nein, sie solle sich doch bitte erst einmal nicht mehr melden: Jennifer sei zu sehr hin- und hergerissen zwischen leiblicher und neuer Familie, man müsse abwarten, bis sie größer sei.

Danach meldete sich Monika Göth nicht mehr.

Inge Sieber sagt, sie und ihr Mann seien überhaupt nicht auf die Idee gekommen, den Kontakt zu Jennifers leiblicher

Mutter wie bisher aufrechtzuerhalten: «Wir dachten, ein klarer Schnitt sei das Beste für Jenny. Für uns war mit dem Tag der Adoption klar: Sie ist jetzt unser Kind.»

*

Auf dem Papier war ich jetzt eine Sieber. Auf meine Schulhefte in der zweiten Klasse schrieb ich nun einen anderen Nachnamen als noch in der ersten. Aber meine Mutter gehörte weiter zu mir.

Meine Adoptiveltern dachten, es sei das Beste, wenn sie so tun, als sei ich wirklich ihr eigenes Kind. Als sei ich immer schon da gewesen.

Aber unsere gemeinsame Geschichte begann erst, als ich drei war. Ich kam als eine Göth zu ihnen, und sie hießen Sieber.

Nach der Adoption war es dann so, als hätte es meine Mutter nie gegeben.

Der Kontakt zu ihr brach ganz plötzlich ab. Sie rief nicht mehr an, holte mich nicht mehr ab. Was war mit ihr? Hatte sie mich vergessen?

Und meine Adoptiveltern schwiegen. Niemand ermunterte mich zum Reden. Im Gegenteil: Inge und Gerhard schienen froh, dass auch ich still blieb.

Sie wünschten sich so sehr eine normale Familie.

Ich wagte nicht zu fragen. Durfte ich überhaupt Fragen stellen? Stellte ich nicht damit meine neuen Eltern in Frage? Ich wollte ja zu den Siebers gehören. Ich sagte ja, als sie mich als sechsjähriges Kind fragten, ob ich von ihnen adoptiert werden wollte.

Ich wünschte mir so sehr eine normale Familie.

Auf den Fotos meiner Kindheit lache ich fast immer: am Strand in Italien, im Sand eingegraben; beim Skifahren mit den Brüdern; beim Eisessen und auf dem Oktoberfest.

Trotzdem bilden die schönen Fotos aus meiner Kindheit nicht die ganze Wahrheit ab.

Von Anfang an war mir klar: Ich war anders. Anders als Inge und Gerhard, anders als meine Brüder und der Rest der Kinder. Ein kurzer Blick in den Spiegel genügte.

Inge und Gerhard sprachen von mir als «unserer Tochter». Obwohl es gut gemeint war, war mir das oft zu viel. Jeder, der es hörte, stand mit offenem Mund da, starrte mich an, und man merkte, dass er sich fragte: Wie kann das sein? Ich tat so, als würde ich die erstaunten Blicke nicht bemerken.

Die Fotos meiner Kindheit, die Fotos, die ich so mag: Sie zeigen immer zwei helle Kinder und ein dunkles.

Auf der Straße riefen mir Kinder gelegentlich Worte wie «Negerbub» hinterher, wegen meiner Größe und meiner kurzen gelockten Haare hielten sie mich für einen Jungen. Dann verteidigte ich mich schnell: «Ich bin ein Mischlingsmädchen.» Bei Kindergeburtstagen hoffte ich, dass keiner zu mir blickte, wenn die «Negerküsse» verteilt wurden.

Im Kindergarten war ich das einzige Kind mit dunkler Haut. In der Grundschule traf ich dann Mädchen, die so aussahen wie ich: zwei Schwestern, der Vater schwarz, die Mutter weiß. Genau wie bei mir. Niemand sollte mich mit ihnen in Verbindung bringen. Auf dem Pausenhof spielte ich woanders.

Jennifer Teege mit ihrem Adoptivbruder Matthias beim Wandern in den Bergen

Später, am Gymnasium, gab es noch zwei dunkelhäutige adoptierte Kinder. Mit ihnen hätte ich mich vielleicht austauschen können. Aber wir sprachen nur über alltägliche Dinge. Zu sehr hatte ich das Schweigen verinnerlicht.

Mein Mann hat mich einmal gefragt, ob wir nicht auch ein Pflegekind aufnehmen wollen. Ich weiß nicht, ob ich mir das zutraue. Wenn ich es täte, würde ich mich bewusst für ein Kind mit dunklerer Haut entscheiden – dann würde es so ähnlich aussehen wie meine beiden leiblichen Söhne. Es hätte das Gefühl, besser «reinzupassen».

Meine Adoptiveltern waren Idealisten. Sie achteten nicht auf Äußerlichkeiten, sie wollten einfach einem Kind eine Chance geben. Die erste Familie, die das Jugendamt zu mir ins Heim schickte, hatte mich noch wegen meiner Größe abgelehnt. Das wäre für Inge und Gerhard undenkbar gewesen.

Ich nannte Inge und Gerhard «Mama» und «Papa», so wie meine Brüder es taten. Zu Anfang kamen mir die Worte ganz selbstverständlich über die Lippen. Aber als ich selbst Mutter wurde, begann ich, meine Adoptiveltern mit «Oma Inge» und «Opa Gerhard» anzusprechen. Das fand ich passender. Sie liebten es, Großeltern zu sein, gingen ganz in ihren neuen Rollen auf.

Seit ich das Buch über meine Mutter gefunden habe, habe ich ganz aufgehört, sie «Mama» und «Papa» zu nennen. Ich empfand es als wichtig, zwischen ihnen und meinen leiblichen Eltern zu unterscheiden.

Als Kind konnte ich nie unbefangen «Adoptiveltern» sagen, ich bezeichnete mich auch nie als «Adoptivtochter».

«Adoptiv-» klang wie ein Makel. Weil wir nicht darüber redeten, war unklar, was es bedeutete – aber jedenfalls war es etwas Unangenehmes. Die Adoptionsurkunde war für mich frei zugänglich. Sie lag bei den wichtigen Dokumenten im Schreibtisch, aber darüber gesprochen wurde in der Familie nicht.

Die Adoption wurde zu einem Tabuthema.

Nicht einmal mit meinen Brüdern redete ich über meine Mutter, obwohl mich mit Matthias und Manuel die engste Beziehung verband: Sie waren einfach meine Brüder. Bei ihnen konnte ich sein, wie ich bin.

Sie hatten es leichter als meine Adoptiveltern: Sie mussten mir keine leiblichen Eltern ersetzen, sie standen nie in Konkurrenz zu meiner Mutter.

Von Pflege- oder Adoptiveltern erwartet man viel. Sie sollen dasselbe leisten wie biologische Eltern, einem Kind sofort Vater und Mutter sein. Aber es braucht Zeit, in eine Rolle hineinzuwachsen. Anfangs überwiegt vielleicht das Mitgefühl, man hat Mitleid mit dem schutzbedürftigen Wesen, das plötzlich im eigenen Haus lebt. Aber erst nach und nach lernt man die Persönlichkeit des Kindes kennen und wächst zu einer Familie zusammen.

Die Zuneigung meiner Adoptiveltern war nicht selbstverständlich. Ich hatte Angst, sie wieder zu verlieren.

Inge und Gerhard haben immer wieder betont, dass sie uns drei Kinder alle gleich liebhaben. Aber ich glaube nicht, dass das geht. Man kann jedes Kind liebhaben, aber auf unterschiedliche Weise.

*

Jennifer Teeges jüngerer Adoptivbruder Manuel sagt, er habe Jennifer nie als «Adoptivschwester» wahrgenommen: «Sie ist meine Schwester. Jenny war da, solange ich denken kann.» Matthias erinnert sich, dass in der Familie durchaus über die Adoption gesprochen wurde: «Aber immer nur rückblickend: So war das damals im Heim, dann kam sie in unsere Familie. Es wurde nie thematisiert, wie sich Jenny damit fühlte und wie es ihrer Mutter gerade erging.»

Insgesamt sei das Thema Adoption vermieden worden, weil es die Gleichheit zwischen den Geschwistern in Frage gestellt hätte, so Matthias Sieber: «Das war ein Dogma bei uns: Alle werden gleich behandelt. Ich habe erst spät gemerkt, dass das nicht so war.» In der Realität sei es so gewesen, dass seine Eltern mehr Probleme mit Jennifer hatten: «Es gab öfter Streit. Zum Teil lag das auch darin begründet, dass Jenny ein Mädchen war. Unsere Mutter maß hier mit zweierlei Maß, sie war Jenny gegenüber weniger tolerant. Andererseits hat sich Jenny manchmal auch ungeschickt verhalten, hat unsere Eltern provoziert oder ist mit ihrem Verhalten angeeckt.»

Inge Sieber bemerkte bei ihrer eigenen Mutter, der «Wiener Oma», dass diese Jennifer zwar voll akzeptierte, aber ihr gegenüber immer etwas reservierter war als bei den leiblichen Enkelsöhnen Matthias und Manuel.

Inge Sieber selbst hatte Schwierigkeiten mit Jennifer, weil die neue Tochter eine völlig andere Persönlichkeit mitbrachte: «Ich bin eher ängstlich – Jenny ist temperamentvoll und selbstbewusst. Ich wollte, dass sie pünktlich zu Hause ist – sie pochte auf ihre Freiheit. Es gab so viele Kämpfe zwischen uns.»

*

Mit neun oder zehn Jahren ließ ich in einer Konditorei zwei Marzipanschweinchen in meiner Hosentasche verschwinden. Eine Verkäuferin sah das und schnauzte mich vor versammelter Kundschaft an, was mir einfiele. Ich musste die Süßigkeiten zurücklegen, meine Adoptiveltern erfuhren nichts.

Ein paar Monate später steckte ich in einem Supermarkt eine Packung Schokoladentäfelchen in meine Tasche. Ich war schon hinter der Kasse, lief zum Ausgang – und direkt in die Arme eines großen Mannes. Es war der Ladendetektiv. Er lotste mich in einen Seitenraum, ich musste meine Tasche ausleeren, dabei kam auch die Schokolade zum Vorschein. Der Detektiv rief zuerst meine Adoptiveltern an, dann informierte er die Polizei. Ich sah mich schon in Handschellen in einer Zelle sitzen. Nach einer Weile kam Inge. Mit betroffener Miene sprach sie mit den Polizisten, entschuldigte sich beim Ladendetektiv. Schweigend fuhren Inge und ich nach Hause. Als Gerhard aus dem Büro kam, zitierten mich die beiden ins Wohnzimmer und hielten mir eine Standpauke. Hoch und heilig musste ich ihnen versprechen, dass ich nie mehr stehle.

Zu Bett ging ich voller Sorge, dass Inge und Gerhard mich zurück ins Heim schicken würden. Wie alle Kinder, die weggegeben worden sind, trage ich ein Trauma in mir: das Gefühl der Wertlosigkeit. Meine eigenen Eltern fanden mich nicht liebenswert genug, um mich zu behalten.

Meine Adoptiveltern gaben sich viel Mühe, sie wollten perfekte Eltern sein. Aber die Angst, wieder allein gelassen zu werden, konnten sie mir nicht nehmen. Ich glaubte, mir die Liebe meiner neuen Eltern immer wieder verdienen zu müssen. Mir fehlte so etwas wie Grundvertrauen.

Einmal träumte ich, dass meine Brüder und ich uns einen Pfirsich teilten: Für meine Brüder je die Hälfte vom Fruchtfleisch, für mich blieb nur noch der Kern.

Das war mein Grundgefühl: Ich konnte nicht erreichen, was meine Brüder haben.

Meine Adoptiveltern waren sehr leistungsorientiert. Früh vermittelten sie uns, dass Fleiß und gute Noten wichtig waren. Matthias machte in der vierten Klasse einen Intelligenztest. Sein Ergebnis war hervorragend, Inge und Gerhard waren stolz.

Manuel war in meiner Klasse, auch er gehörte zu den besten Schülern und schrieb nur Einser.

Meine Leistungen waren eher mittelmäßig. Viele Jahre zweifelte ich an meiner Intelligenz.

Ich muss etwa zehn, elf Jahre alt gewesen sein, als ich im Schrank meiner Adoptiveltern in ihrem Schlafzimmer herumkramte. Sie waren gerade nicht zu Hause, und ich hoffte, dass sie im Schrank die Weihnachtsgeschenke aufbewahrten.

Ich fand eine Karte und ein Goldkettchen mit einem Anhänger. Die Karte war unterschrieben mit «Viele Grüße von Monika und der kleinen Charlotte». Die kleine Charlotte – das musste meine jüngere Halbschwester sein, die meine Mutter bekommen hatte, nachdem sie mich zur Adoption freigab.

Ich stellte meine Adoptiveltern nicht zur Rede. Zu

sehr schämte ich mich, dass ich in ihrem Schrank gewühlt hatte.

Aber wenigstens wusste ich jetzt, dass meine Mutter noch an mich dachte.

Mit zwölf oder dreizehn Jahren, während eines Streits mit meinen Adoptiveltern, forderte ich den Kontakt zu meiner Mutter ein: Wütend sagte ich, dass ich sie endlich wiedersehen wolle. Meine Adoptiveltern erklärten mir, dass ich warten solle, bis ich sechzehn sei: Dann hätte ich vom Gesetz her das Recht, die Adresse meiner Mutter zu erfahren und sie zu kontaktieren.

*

In den siebziger Jahren war es üblich, dass die Adoptiveltern die Verbindung zu den leiblichen Eltern kappten.

Erst nach und nach setzte sich die Erkenntnis durch, dass es für die Entwicklung der Kinder besser ist, ganz offen mit ihrer Geschichte umzugehen. Jedes Kind hat ein Recht auf Herkunft, so steht es auch in der UN-Kinderrechtskonvention.

Heute wird empfohlen, Kindern schon früh die Hintergründe ihrer Adoption zu erklären und beispielsweise in einem Album Fotos der leiblichen Eltern aufzubewahren. Die Adoptiveltern sollten versuchen, möglichst viel über die Vorgeschichte des Kindes zu erfahren. Sie müssen selbst aktiv werden, denn viele Kinder wagen nicht nachzufragen.

Heute verweisen Beratungsstellen in der Regel auch deutlicher auf die problematischen Folgen einer Adoption für das Kind. Studien haben gezeigt: Adoptivkinder fühlen sich oftmals ungeliebt, haben starke Selbstzweifel, Lern- und Konzentrationsstörungen, ein großes Geltungsbedürfnis, Bindungs-

und Verlassensängste bis hin zu schweren Depressionen. Sie begeben sich häufiger in psychiatrische Behandlung.

Oft prüfen sie ihre Adoptiveltern besonders hart: Lieben sie mich auch noch, wenn ich mich ganz schlimm aufführe? Besonders die Pubertät wird zur Belastungsprobe für die Beziehung zwischen adoptiertem Kind und seinen neuen Eltern.

*

Ich habe Gerhard und Inge nie einen Satz entgegengerufen, wie er wohl für Adoptivkinder typisch ist: «Ihr seid ja nicht meine richtigen Eltern, ihr habt mir gar nichts zu sagen!» Darauf wäre ich überhaupt nicht gekommen, denn ich war ihnen ja dankbar. Sie hatten mich aufgenommen, mir ein neues Leben und eine Zukunft geschenkt.

Aber spätestens in der Pubertät wollte ich nicht mehr nur dankbar sein.

Hinter meiner Rebellion gegen Inge und Gerhard stand auch immer die Frage nach meiner Mutter. Die Frage, wer ich wirklich bin.

Am Esstisch meiner Adoptivfamilie hatte jeder seinen Platz. Ich saß links, vor der Fensterbank mit den Blumentöpfen. Nicht nur die Plätze, auch die Rollen waren fest verteilt: Manuel, blond und schmal, war immer der Beste, der Hochintelligente, dabei freundlich und unkompliziert. Dicht gefolgt von Matthias, auch er sehr gut in der Schule, ruhig und klug, aber unberechenbarer als der stets diplomatische Manuel.

Meine Rolle war die des hedonistischen Schafs. Wenn am Esstisch über Politik und Kultur diskutiert wurde, wandte ich mich demonstrativ ab oder gähnte.

Tschernobyl, der Kalte Krieg: Das waren die Themen der achtziger Jahre. Inge und Gerhard interessierten sich sehr für Politik. Inge war Mitglied bei den «Frauen für den Frieden». Zu Demonstrationen gegen die Wiederaufrüstung ging die ganze Familie. Gerhard, vorher SPD-Anhänger, wählte zum ersten Mal grün. Alle sparten mit Feuereifer Energie, trennten sorgfältig ihren Müll. Nur ich weigerte mich, meine Joghurtbecher auszuspülen.

Mein Bruder Matthias wurde im Gymnasium, das auch ich besuchte, zum Schülersprecher gewählt. Er war viel engagierter als ich, verteilte selbstgedruckte Flugblätter, malte Transparente: eine durchgestrichene Pershing-Rakete.

Auch Manuel interessierte sich sehr für Umweltschutz, später studierte er Geoökologie. Die «Atomkraft? Nein danke»-Sticker hatte er an unsere gemeinsame Kinderzimmertür geklebt.

Später bekam jedes von uns Kindern sein eigenes Zimmer. Meins hatte eine Dachschräge mit einem Fenster in den Himmel. Ich hatte meine Matratze direkt unter das Fenster geschoben, damit ich die Wolken beobachten konnte. Ich las viel, verbrachte Stunden mit Büchern, zog mich in meine eigene Welt zurück.

Mein Zimmer diente auch als «Teestube», dort traf ich mich mit meinen Brüdern. Wir hängten dann ein Schild an die Tür, auf das wir «POG» geschrieben hatten – die Abkürzung für: «Problemorientierte Gespräche». Wir redeten über das, was wir mit Inge und Gerhard nicht so gut besprechen konnten: Liebeskummer, Freundschaften, Träume und Ängste.

Wenn ich in dieser Zeit an meine Mutter dachte, erinnerte ich mich nur an ihre guten Seiten, die unangenehmen Dinge verdrängte ich. Abends, wenn ich im Bett lag, versuchte ich, mich zu erinnern, wie sie aussah, dachte an ihr langes dunkles Haar. Ich malte mir aus, sie würde eines Tages vor der Tür stehen, mich in den Arm nehmen und mich streicheln. Sie würde mich mitnehmen, mir schöne teure Sachen kaufen und mir die Dinge erlauben, die ich bei meinen Adoptiveltern nicht durfte: schminken zum Beispiel, mit Barbiepuppen spielen oder Seidenstrümpfe anziehen.

Ich wollte früh raus aus meiner Familie, weg aus Deutschland. Wir waren keine normale Familie, aber außer mir schien das niemand zu bemerken. Mit sechzehn fuhr ich zum ersten Mal allein in die Sommerferien: Interrail mit einer Freundin. Wir reisten mit Zug und Schiff durch halb Europa: Paris, Rom, Formentera.

Meine Jugend war unbeschwerter als meine Kindheit. Ich dachte weniger an meine Mutter, grübelte nicht mehr so viel. Das Motto von Matthias und mir war «Carpe diem», genieße den Tag. Ich hatte viele Freunde und ging fast jeden Abend aus, am liebsten auf Partys. An den Wochenenden arbeitete ich in einer Diskothek, dem «Wolkenkratzer»: Unten am Eingang wurde man von einem Türsteher gemustert. Dann fuhr man mit einem Aufzug in den obersten Stock. Von dort hatte man einen weiten Blick über die Schwabinger Leopoldstraße. In der Mitte befand sich ein Schiebedach, im Sommer tanzten die Gäste unter freiem Himmel. Ich war achtzehn, stand als Bedienung hinter der Bar und fand mich und alle um mich herum sehr cool. Trinken durfte ich während der Arbeitszeit nicht, aber rauchen. Ich rauchte wie ein Schlot.

Dann, ich war zwanzig und hatte mein Abitur gemacht, rief in Waldtrudering ein Mädchen namens Charlotte an. Matthias war am Apparat. Er richtete mir aus: «Irgendeine Charlotte wollte dich sprechen.» Mir fiel die Karte im Schrank meiner Adoptiveltern ein, die Unterschrift meiner Mutter: «Viele Grüße von Monika und der kleinen Charlotte.»

Meine Halbschwester. Das Mädchen, das mich gewissermaßen «ersetzt» hatte: Als meine Mutter mit ihr schwanger war, gab sie mich zur Adoption frei. Sie kam, ich ging. Ich rechnete nach: Vierzehn Jahre alt musste sie jetzt sein.

Ich rief sie zurück. Eine junge, nette Stimme. Charlotte sagte, sie sei demnächst zu Besuch in München, bei ihrem Vater. Hagen – der Mann, der meine Mutter schlug. In meinen Träumen verfolgt er mich noch heute. Charlotte sagte, meine Mutter sei inzwischen von ihm geschieden.

Charlotte und ich verabredeten uns für den nächsten Abend in einem Café. Sie hatte halblange, hellbraune Haare, trug Hose und T-Shirt. Wir redeten lange. Sie erzählte, wie sie aufgewachsen war, und fragte mich: «Ist deine neue Familie nett?»

Sie erzählte mir auch, wie sie mich gefunden hatte: Durch Zufall hatte sie den Mutterpass meiner Mutter entdeckt. Dort war in der Spalte «Kinder» mein Name über ihrem eingetragen. Charlotte lief mit dem Pass zu unserer Mutter, fragte: «Wer ist Jennifer?» Meine Mutter behauptete, ich sei gestorben. Charlotte glaubte ihr nicht und fragte weiter nach. Schließlich gab meine Mutter zu: Ich war nicht tot. Nur adoptiert.

Meine Mutter gab Charlotte meinen neuen Nachnamen, so fand sie mich und meine Brüder im Telefonbuch. Wir hatten einen eigenen Anschluss, weil wir immer so lange telefonierten.

Spontan beschlossen Charlotte und ich, uns am übernächsten Tag noch einmal zu sehen. Wir fuhren nach Starnberg und spazierten um den See. Die Sonne schien, wir verbrachten den ganzen Nachmittag miteinander. Es war eigenartig, plötzlich eine Schwester zu haben, aber irgendwie auch schön. Gleichzeitig hatte ich das Gefühl: Etwas stimmte nicht mit ihr.

Ein paar Tage nach meinem Treffen mit Charlotte meldete sich meine Mutter bei meinen Adoptiveltern. Sie bat um ein Treffen, am liebsten bei meiner Adoptivfamilie in Waldtrudering. Mir war das zu viel. Nach all den Jahren wollte ich meine Mutter alleine sehen. Ich schlug vor, meine Mutter solle zuerst nur Inge und Gerhard besuchen. Ich würde danach in einem Café in der Innenstadt auf sie warten.

*

Als Monika Göth ihre Tochter Jennifer 1991 wiedertraf, war sie schon länger von ihrem Mann Hagen geschieden. Er hatte sie zuletzt mit einer Pistole bedroht, sie rief daraufhin die Polizei.

An ihrem Arbeitsplatz als Sekretärin an einer der Münchner Universitäten lernte Monika Göth ihren späteren zweiten Mann Dieter kennen. Er war ganz anders als ihr erster Mann: ruhig, gutmütig, freundlich. «Ein Lottotreffer», sagte Monika

Göth über ihn. Nach der Heirat nahm Monika den Familiennamen ihres Mannes Dieters an, unter dem sie fortan auch in der Öffentlichkeit auftrat. Dieter bekam eine Stelle auf dem Land und zog mit Monika und ihrer Tochter Charlotte in ein kleines bayerisches Dorf.

Schon früh nahm Charlotte Drogen: Sie wurde als Jugendliche heroinsüchtig und kämpfte jahrelang mit der Sucht.

Zum Treffen mit Familie Sieber nahm Monika Göth ihren Mann Dieter mit. Inge und Gerhard Sieber hatten einen Tisch im Garten unterm Apfelbaum gedeckt, gemeinsam mit Jennifers älterem Bruder Matthias empfingen sie Monika Göth und ihren Mann.

Inge Sieber fand Jennifers Mutter nun zugewandter: «Sie war sehr nett und meinte zu mir, ich hätte auch sie adoptieren sollen, dann hätte sie es besser gehabt. Ihr Lob hat mich gefreut und angerührt.» Matthias erinnert sich an ein eher verkrampftes, distanziertes Gespräch. Sehr nervös sei Jennifers Mutter gewesen.

Nach einiger Zeit sagte Inge Sieber zu Monika Göth: «Sie müssen aufbrechen, unsere gemeinsame Tochter wartet.»

*

Ich saß schon länger im Café am Wiener Platz in München und wartete. Eine Frau betrat den Raum, sie war in Begleitung eines Mannes. Fast hätte ich sie nicht erkannt: Sie hatte mittellange Haare, ihre Locken waren jetzt dunkelblond getönt. Das letzte Mal hatte ich sie vor fünfzehn Jahren gesehen, damals hatte sie lange, dunkle Haare, das mochte ich lieber.

Sie steuerte direkt auf mich zu. Ich stand auf. Unsicher

streckten wir uns die Hände entgegen. Ich war enttäuscht, dass sie ihren zweiten Mann mitgebracht hatte. Warum war sie nicht allein gekommen? Ich hatte mir ein Vier-Augen-Gespräch gewünscht.

Trotzdem war ich froh, sie nach so langer Zeit wiederzusehen. Ich redete viel, versuchte, einen guten Eindruck zu machen. Ich erzählte ihr von meinem Abitur, dass ich gerade in Frankreich gewesen war und vielleicht bald eine Freundin in Israel besuchen wollte. Sie sagte nichts dazu.

Sie hielt sich bedeckt, sprach kaum von sich. Ich wagte nicht, ihr die Fragen zu stellen, die mir wirklich wichtig waren: Warum hast du mich weggegeben? Warum habe ich dich und meine Großmutter nicht mehr gesehen? Woran ist Irene gestorben?

Wir hatten so viel Zeit verloren. Wir saßen uns gegenüber, der Abstand zwischen uns schien riesig.

Zum Abschied gaben wir uns wieder förmlich die Hand.

Ich hoffte, wir würden uns wiedersehen, doch meine Mutter rief nicht mehr an. Nicht nach einer Woche, nicht nach einem Monat und nicht nach einem Jahr.

Auch ich meldete mich nicht. Es war keine bewusste Entscheidung – ich ging einfach davon aus, dass sie mich anrufen würde. Sie war ja die Mutter. Auch bei Charlotte rief ich nicht an, denn sie lebte noch bei meiner Mutter.

Jahre nach dem Treffen im Café lag ich auf der Couch meiner ersten Therapeutin, die mich wegen Depressionen behandelte. Sie fragte nach meiner Mutter. Plötzlich begann es in meinem Kopf zu rauschen. Wie in einem Film lief die Begegnung mit meiner Mutter noch einmal vor mir ab. Da endlich begriff ich, dass sie keinen Kontakt mehr zu mir wollte und sich nie wieder melden würde.

Der Abschied im Café war kein offenes Ende. Sie hatte nicht vergessen anzurufen: Sie wollte es einfach nicht. Warum? War ich ihr so wenig wert? Viele Monate schwankte ich zwischen Wut und Trauer. Am schlimmsten aber war die Ohnmacht.

Als die Depressionen kamen, gab es Tage, da saß ich einfach nur da, das Fotoalbum mit den Bildern aus meiner frühesten Kindheit auf den Knien, und versuchte mich an alles zu erinnern. Ich ging zu Inge und Gerhard und stellte Fragen. Fragen, die ich schon viel früher hätte stellen sollen: Wie war es, wenn ich meine Mutter traf? Wie habe ich sie begrüßt? Habe ich sie zum Abschied umarmt, gab es so etwas wie Zärtlichkeit? Kannten sie ihren gewalttätigen Mann? Inge und Gerhard wirkten überrascht, dass ich das Thema zu diesem Zeitpunkt ansprach, nach all den Jahren. Sie sagten, an Herzlichkeit, an Umarmungen zwischen mir und meiner Mutter könnten sie sich nicht erinnern. Auch hätten sie ihren Mann Hagen nie kennengelernt.

Viele Jahre blieb ich mit meinen Fragen allein. Zwischendurch überlegte ich ein paar Mal, meine Mutter zu kontaktieren, tat es dann aber nicht.

Als ich ihr endlich schreibe und wir danach das erste Mal telefonieren, frage ich sie auch nach meiner Halbschwester Charlotte. Meine Mutter gibt mir ihre Telefonnummer. Ich rufe Charlotte an, wir verabreden uns. Wieder sehe ich zuerst meine Schwester, bevor ich meine Mutter treffe.

Ich bin überrascht, wie hübsch Charlotte aussieht. Sie

trägt ihr langes Haar offen, hat einen schön geschwungenen Mund. Äußerlich sieht man ihr die schweren Jahre kaum an. Auch diesmal spreche ich mit Charlotte über unsere unterschiedlichen Kindheiten, über unsere gemeinsame Mutter. Ich habe den Eindruck, bei Charlotte werden durch unsere Unterhaltung Erinnerungen wach, die sie gern weiter verdrängt hätte. Bei meinen Besuchen im Hasenbergl hatte ich die zerrüttete Ehe meiner Mutter mit Hagen mitbekommen. Charlotte verbrachte ihre ganze Kindheit in diesem Haushalt, sie hat all die Auseinandersetzungen miterlebt.

Ich merke, dass unser Gespräch sie mitnimmt, sie tut mir leid. Ich finde es schön, sie wiederzusehen, aber ich weiß nicht, wie sie unser Treffen empfindet. Frage ich zu viel? Oder erzähle ich zu viel von meinem Leben, von dem Auslandsstudium, den Reisen – all den Chancen, die sie nie hatte? Ich möchte meiner Schwester nicht weh tun.

Ich werde wieder wütend auf meine Mutter: Warum hat sie Charlotte nicht beschützt? Aber ich habe mir vorgenommen, nicht mehr wütend zu sein. Ich möchte meiner Mutter offen gegenübertreten, ohne Vorbehalte.

Ich hätte gern eine Beziehung zu ihr. Mein Leben ist zwar getrennt von ihrem verlaufen, aber letztlich waren wir doch miteinander verbunden. Auch ich habe die Bürde dieses Familiengeheimnisses mitgetragen.

*

Für Jennifer Teege war schnell klar: Mein Großvater war ein Verbrecher. Ihre Mutter hat Jahre ihres Lebens für diese Erkenntnis gebraucht.

Der Selbstmord ihrer Mutter Ruth Irene 1983 habe ihre Sicht auf Amon Göth verändert, so Monika Göth: «Bis dahin war ich immer gegen meinen Vater angegangen. Nach Irenes Tod hatte ich plötzlich das Gefühl, ich müsse ihn in Schutz nehmen – es war ja keiner mehr da, der das sonst tat. Ich wollte endlich den Amon akzeptieren: Damit Irene ihren Frieden findet.»

1994 kam der Film «Schindlers Liste» in die deutschen Kinos. Monika Göth konnte ihn sich nicht zu Ende ansehen. Immer wenn der Schauspieler Ralph Fiennes als Amon Göth seine Pistole zog, dachte Monika Göth: Hör doch auf, hör doch endlich auf!

Nach dem Kinobesuch lag Monika Göth drei Tage im Bett. Der Arzt, den ihr Mann herbeirief, diagnostizierte einen Nervenzusammenbruch.

Monika Göth wollte es nun genau wissen: Sie recherchierte in Archiven, fuhr immer wieder nach Krakau und nach Auschwitz. Sie traf sich auch mit Überlebenden aus Płaszów. Monika Göth ging nicht zu diesen Treffen, sie schlich dorthin, voller Schuld und Scham und Unsicherheit. Einige Überlebende sagten ihr, sie bekämen Beklemmungen in ihrer Nähe, könnten ihre Gegenwart nicht aushalten, weil sie ihrem Vater so ähnlich sehe.

Monika Göth sagte über die Taten ihres Vaters: «Ich glaube das alles, aber ich kann nicht damit leben. Meinen Vater haben sie dreimal aufgehängt, meine Mutter hat sich das Leben genommen – ich glaube schon, dass auch bei mir einmal ein Schlussstrich gesetzt wird.»

Monika Göth machte eine Art öffentliche Therapie – allerdings nicht unter Anleitung eines Psychologen: Der Dokumentarfilmer Matthias Kessler konfrontierte sie in einem langen, für sie quälenden Interview mit den Verbrechen ihres Vaters und machte ein Buch daraus: «Ich muß doch meinen Vater lieben, oder?» Es ist das Buch, das Jennifer Teege im Sommer 2008 in einer Hamburger Bibliothek entdeckt.

2006 dokumentierte der Filmemacher James Moll das Treffen von Monika Göth mit der Płaszów-Überlebenden Helen Rosenzweig. Beide Frauen weinten, als sie sich in Płaszów trafen. Die Begegnung zwischen ihnen war geprägt von Missverständnissen. Noch immer wiederholte Monika Göth die Sätze, mit denen sie aufgewachsen war: Sie sagte zu Helen Rosenzweig, Amon Göth habe die Juden doch nur erschossen, weil sie ansteckende Krankheiten übertrugen. Helen Rosenzweig war entsetzt, sie unterbrach Monika Göth und rief: «Monika, hören Sie bitte auf, hören Sie sofort auf!» 2008, einen Tag, nachdem Jennifer Teege das Buch über ihre Mutter gefunden hatte, wurde der Film «Inheritance» unter dem Titel «Mördervater» im deutschen Fernsehen das erste Mal ausgestrahlt.

Später bereute Monika Göth ihren Auftritt in James Molls Film: «Ich würde nie mehr versuchen, den Amon zu verteidigen. Ich würde einfach still sein und Helen zuhören.»

Monika Göth hat mit Mitte vierzig noch ihr Abitur gemacht, später das Latinum, sie hat Althebräisch gelernt. Sie hört gern israelische Musik und hat fast jedes Standardwerk über den Holocaust gelesen. Sie ist jetzt beinahe siebzig Jahre alt, aber sie kämpft weiter gegen die Schatten der Vergangenheit, jeden Tag.

*

In ein paar Stunden werde ich meine Mutter treffen.

Während der Fahrt bin ich voller Anspannung. Ich wünsche mir so sehr, dass der Fluch, der auf dieser Familie liegt, endet. Dass endlich Friede einkehrt.

Mein Mann begleitet mich, aber beim Wiedersehen mit meiner Mutter wird er nicht dabei sein, sondern im Hotelzimmer auf mich warten. Auch meine Mutter wird ohne ihren Mann kommen.

Diesmal will ich mit ihr allein sein. Nur Mutter und Tochter.

Vorbei an Schafherden auf grünen Wiesen geht es in einen kleinen ländlichen Ort in Bayern.

Wir haben uns im Restaurant des Hotels verabredet, in dem mein Mann und ich wohnen. Ich setze mich und warte. Zur verabredeten Zeit ist sie nicht da. Erst mache ich mir keine Sorgen und nutze die Zeit, um mich zu sammeln. Etwas später werde ich doch unruhig. Ich gehe hinaus, um Ausschau nach ihr zu halten. Kurz danach trifft sie ein, sie ist im Verkehr steckengeblieben. Ich bin froh, dass sie noch gekommen ist.

Diesmal erscheint sie mir nicht so fremd wie bei unserem letzten Treffen in einem Münchner Café, als ich zwanzig war. Ich habe sie ja schon im Film gesehen.

Wir reden über das Städtchen, in dem sie wohnt, ein leichtes, unverfängliches Thema. Dann betrachtet sie mich und sagt, dass ich sie an meine Großmutter Irene erinnere: meine Art, mich zu kleiden, die Tasche passend zu den Schuhen. Es klingt wie ein Vorwurf.

Sie erzählt von meiner Großmutter und immer wieder von Amon Göth – als sei es noch nicht lange her, dass er in Płaszów Kommandant war, als sei es erst gestern gewesen, dass meine Großmutter sich umgebracht hat. Meine Mutter sagt, sie lebe mit den Toten.

In einem Interview hat sie einmal gesagt, sie habe das Gefühl, ihre Mutter Irene zu verraten, wenn sie schlecht über Amon Göth denke, denn der sei ja die große Liebe ihrer Mutter gewesen. Sie denkt, sie müsse loyal gegenüber ihrer Mutter sein – und das schließt auch die Loyalität zu Amon Göth mit ein. Das bringt sie in einen schrecklichen Konflikt.

Vielleicht ist das der Unterschied zwischen zweiter und dritter Generation, zwischen meiner Mutter und mir: Ich bin viel freier im Kopf. Ich kann liebevoll an meine Großmutter denken und trotzdem Amon Göth und ihr Leben mit ihm verurteilen.

Ich möchte meine Mutter schütteln und ihr zurufen: «Du lebst jetzt! Sprich mit mir! Sprich nicht dauernd über deine Eltern. Denk an dich und mich! Blick nach vorn, nicht zurück!»

Ich habe die Bücher vieler Nazi-Nachkommen gelesen. Ich habe begriffen, dass meine Mutter nicht nur ein individuelles Schicksal hat, sondern dass sie eine typische Vertreterin der Nazi-Kinder ist, der zweiten Generation. Viele Täterkinder haben ein Leben lang unter ihrer Familiengeschichte gelitten. Viele haben zerrüttete Familien.

Es erleichtert mich, es so zu sehen. Meine Mutter gab mich nicht fort, weil an mir etwas falsch war – sondern weil sie genug mit sich selbst zu tun hatte.

*

Die Aufarbeitung der NS-Zeit war immer auch Familiendrama.

Viele Kinder prominenter Nationalsozialisten schwanken zwischen Glorifizierung der Väter – und grenzenlosem Hass auf ihre Erzeuger, der oft in Selbsthass umschlägt. Allen gemeinsam ist: Die Vergangenheit lässt sie nicht los.

Gudrun Burwitz, die Tochter von Heinrich Himmler, war in der Neonazi-Szene aktiv und sammelte Spenden für ehemalige NS-Täter. Wolf-Rüdiger Heß, der Sohn von Hitlers Stellvertreter Rudolf Heß, versuchte zeitlebens, seinen Vater zu rehabilitieren. Auch meldete er stolz seinem Vater ins Gefängnis, dass sein zweites Enkelkind an «Führers Geburtstag» auf die Welt gekommen sei.

Bettina Göring dagegen, Großnichte von Hitlers Luftwaffenchef Hermann Göring, ließ sich sterilisieren, «um nicht noch so ein Monster hervorzubringen, um keine weiteren Görings zu produzieren». Die Historikerin Tanja Hetzer sagt, sie kenne aus ihren Befragungen von NS-Nachkommen noch andere Frauen und Männer, die sich sterilisieren ließen oder freiwillig kinderlos blieben. Hetzer stellt fest: «Auf diese Weise wirkt die Naziideologie über ‹wertes und unwertes› Leben in der zweiten und dritten Generation weiter und richtet sich in einer autoaggressiven Weise gegen die Nachkommen selbst: Sie fühlen sich selbst nicht wert, ihr Leben weiterzugeben.»

Niklas Frank, Sohn von Hans Frank, Hitlers Statthalter im besetzten Polen, läuft bis heute mit dem Foto einer Leiche in der Brieftasche herum: sein Vater mit gebrochenem Genick, nachdem er für seine Verbrechen gehängt wurde. Niklas Frank sagte, in Gedanken würde er seine Eltern jeden Abend aufs Neue hinrichten, sie hätten es verdient. In seinem Buch «Der

Vater» schreibt er: «Ich fühle mich immer noch als Marionette meines Vaters, er hat immer noch die Fäden in der Hand.»

Über seine Schwester Brigitte sagte Niklas Frank: «Sie ist am Vater gestorben.» Niklas Franks Schwester Brigitte beging Selbstmord mit sechsundvierzig – genauso alt war ihr Vater, als er hingerichtet wurde.

Viele Nazi-Nachkommen sind die Bilder ihrer Väter ein Leben lang nicht mehr losgeworden.

Es gibt viele Arten, sich von diesen Vätern abzugrenzen. Karl-Otto Saur, Sohn des gleichnamigen Vertrauten von Albert Speer im Reichsministerium für Rüstung und Kriegsproduktion, trug sein Haar stets etwas länger – den tadellos ausrasierten Nacken des Vaters vor Augen. Monika Göth studierte Althebräisch.

*

Bettina Göring lebt jetzt in New Mexiko. Sie spricht nur noch Englisch, trägt den Namen ihres geschiedenen Mannes. Ich verstehe, dass sie nicht mehr «Göring» heißen will, aber mit ihrer Entscheidung, sich sterilisieren zu lassen, setzt sie ein falsches Zeichen. Es gibt kein Nazi-Gen.

Niklas Franks Bücher über seine Eltern – «Der Vater» und «Meine deutsche Mutter» – konnte ich nicht zu Ende lesen. Sie sind wichtige Dokumente, trotzdem mochte ich sie nicht. Es sind eigentlich keine Bücher über seine Eltern, es sind Bücher über sein Leiden an diesem Vater, an dieser Mutter. Jede Zeile darin ist ein wütender Aufschrei, voller Hass und Selbsthass. Aber dieser Hass führt zu nichts.

Das Festkleben in der Vergangenheit hilft den Opfern

nicht – und es hilft auch nicht bei der Analyse und Aufarbeitung des Nationalsozialismus.

Letztlich verstecken sich einige Täterkinder hinter der übermächtigen Vaterfigur. Sie definieren sich über die Vergangenheit. Aber wer sind sie, wenn sie aus dem Schatten ihrer Väter und Mütter heraustreten? Was bleibt dann übrig, wofür stehen sie?

Malgorzata, die Dolmetscherin, die mich in Krakau in die Villa meines Großvaters begleitete, hatte dort auch Niklas Frank und meine Mutter herumgeführt.

Auch bei Niklas Frank sind seine Eltern sein Lebensthema, darin ähnelt er meiner Mutter. Sie ist weniger aggressiv als er. Aber ich spüre, dass auch sie glaubt, kein Recht auf ein eigenes Leben zu haben – und kein Recht auf Glück.

Auch meine Mutter dachte, sie müsse für die Taten meines Großvaters und für das Wegschauen meiner Großmutter Buße tun.

Sich pausenlos selbst zu prügeln und zu verdammen, macht krank. Dieses Leiden an sich selbst und seiner Familiengeschichte gibt man weiter an seine Kinder.

Ich habe es in Israel bei den Holocaust-Opfern erlebt: Sie gruben sich ein in ihrem Schmerz und trugen ihre Ängste auch in die nächsten Generationen. Die Traumatisierung, die das Kind eines Holocaust-Opfers erlebt, ist eine ganz andere als die eines Täterkindes, aber die Weitergabe funktioniert ähnlich.

Ich weiß, dass ich nicht so leben will wie meine Mutter: in der Vergangenheit verhaftet, immer im Schatten von Amon Göth.

Ich finde es gut, dass Menschen wie Niklas Frank oder meine Mutter in Schulen gehen und dort von ihren Eltern berichten. Aber das ist nicht mein Weg. Ich möchte irgendwann meinen israelischen Freunden und ihren Kindern meine Familiengeschichte erzählen. Ich hoffe, ich schaffe es bald, mich ihnen zu offenbaren. Mit ihnen will ich mein Schicksal teilen.

Ich möchte aufrecht gehen. Ein normales Leben führen. Es gibt keine Erbschuld. Jeder hat das Recht auf eine eigene Biographie.

*

Die dritte Generation der Nazi-Täter blickt meist abgeklärter und ohne falsche Rechtfertigungen auf die eigene Familie.

Die Kinder arbeiteten sich noch an den Verbrechen ihrer Väter ab – die Enkel arbeiten die Verstrickungen ihrer Familien auf. Sie analysieren die tausendmal erzählten Familienlegenden, forschen nach, was wahr ist und was verdreht oder verschwiegen wurde.

Denn die Taten – und vor allem das Schweigen über die Taten – der Großväter wirken bis heute in den Familien nach. Eine «Mentalitätsgeschichte des Nationalsozialismus und seiner lang anhaltenden Folgen» stehe noch aus, schreibt der Historiker Wolfgang Benz.

Geschichtswissenschaftler sprechen von einem «familiären Schweigekartell». Katrin Himmler, die Großnichte des SS-Führers Heinrich Himmler, bezeichnete die tradierten Halbwahrheiten in ihrer Familie als «Denkgefangenschaften». Sie konnte mit eigenen Recherchen aufzeigen, dass Heinrich Himmlers Familie von seiner Stellung profitierte und zum Teil aktiv seine

Vernichtungspolitik unterstützte – auch ihr eigener Großvater, der Bruder Heinrich Himmlers.

Andere Enkel plädieren dafür, die Vergangenheit auch als vergangen zu betrachten. Sehr deutlich schloss der Schriftsteller Ferdinand von Schirach in einem Aufsatz für das Nachrichtenmagazin «Der Spiegel» mit der Geschichte seines Großvaters, des Reichsjugendführers Baldur von Schirach, ab. Er schrieb:

«Die Schuld meines Großvaters ist die Schuld meines Großvaters. Der Bundesgerichtshof sagt, Schuld sei das, was einem Menschen persönlich vorgeworfen werden könne. ... Unsere Welt heute interessiert mich mehr. Ich schreibe über die Nachkriegsjustiz, über die Gerichte in der Bundesrepublik, die grausam urteilten, über die Richter, die für jeden Mord eines NS-Täters nur fünf Minuten Freiheitsstrafe verhängten ... Wir glauben, wir seien sicher, aber das Gegenteil ist der Fall: Wir können unsere Freiheit wieder verlieren. Und damit verlören wir alles. Es ist jetzt unser Leben, und es ist unsere Verantwortung ... ‹Du bist, wer du bist.› Das ist meine einzige Antwort auf die Fragen nach meinem Großvater. Ich habe lange für sie gebraucht.»

*

Ich glaube nicht, dass man sich ganz frei machen kann von der Vergangenheit, sie wirkt in uns Nachkommen weiter nach, ob wir wollen oder nicht.

Ich habe die Biographien vieler Nazi-Nachfahren studiert. Die dritte Generation leugnet die Geschehnisse im «Dritten Reich» nicht mehr, sie benennt deutlich, was war. Trotzdem fehlt einigen dieser Erzählungen etwas: Die

Menschen verschwinden hinter den Fakten, sie bleiben mir fremd. Die Auseinandersetzungen der Nachkommen mit ihrer Familiengeschichte sind mir oft zu theoretisch, ich kann mich damit nur schwer identifizieren.

Denn die Beschäftigung mit den Taten der Vorfahren, sie ist keine akademische Auseinandersetzung. Sie zerstört Familien.

Die Vergangenheit wird auch weiterwirken in meinen Kindern. Meine beiden Söhne sind noch jung. In ein paar Jahren werden sie vielleicht mit ihrer Klasse den Film «Schindlers Liste» sehen. Sie sollen sich dann nicht schämen müssen, sondern werden hoffentlich offen über ihre Familiengeschichte sprechen.

Ich glaube, wir können nur dann mit der Vergangenheit fertig werden und sie auch irgendwann hinter uns lassen, wenn wir offen mit ihr umgehen. Denn wer das Gefühl hat, sich und seine Identität verstecken zu müssen, wird krank.

Das ist der Grund, warum ich so erschüttert war, als ich erfuhr, was meine Mutter vor mir verborgen hatte: Das Familiengeheimnis, das ihre Kindheit und Jugend, ihr ganzes Leben überschattet hat – sie ließ auch mich damit aufwachsen. Ich habe viel zu spät davon erfahren.

Ich wünsche mir, dass sie meine innere Not erkennt. Dass sie nachempfinden kann, welche Traurigkeit mich all die Jahre begleitete und wie erleichternd es gewesen wäre, die Geschichte meiner leiblichen Familie zu kennen.

Meine Mutter und ich haben jetzt schon über zwei Stunden miteinander gesprochen – und immer noch nicht über uns. Behutsam versuche ich, sie von der Holocaust-

Thematik wegzulenken, und frage sie nach meiner Kindheit.

Meine Mutter erzählt mir, dass sie, als sie mit mir schwanger war, wieder bei meiner Großmutter Irene lebte. Die beiden Frauen hätten darüber nachgedacht, ob ich mit ihnen gemeinsam in der Wohnung aufwachsen könnte. Das Heim sei nur als Übergangslösung gedacht gewesen, sagt meine Mutter.

Als ich dann auf der Welt war, sei es ihr schwergefallen, eine Beziehung zu mir aufzubauen. Meine Großmutter sei dagegen sofort begeistert von mir gewesen, sie betonte immer wieder, was für ein braves und pflegeleichtes Enkelkind ich sei. Nie schrie oder quengelte ich. Meine Großmutter liebte es, mit mir spazieren oder einkaufen zu gehen, erzählt meine Mutter. Irene war ohnehin eine auffällige Erscheinung, dazu dann noch ein schwarzes Enkelkind an der Hand: Sie habe mich vorgezeigt wie ein Püppchen, das Exotische gefiel ihr. Auch Lulu, der Transvestit, an den meine Großmutter ein Zimmer untervermietet hatte, fuhr mich stolz im Kinderwagen durch den Englischen Garten.

Erstmals erfahre ich von meiner Mutter auch etwas über die Bedeutung meiner Vornamen: Ich heiße Jennifer Annette Susanne. «Jennifer» kam aus der Nachkriegszeit der amerikanischen Besatzer. Meine Mutter mochte den ausländischen Klang.

«Annette» schlug meine Großmutter vor. Sie fand es einfach einen sehr schönen Namen.

«Susanne» sollte an die Susanna aus Płaszów erinnern: Weil Amon Göth zwei Hausmädchen hatte, die denselben Vornamen trugen, Helen Hirsch und Helen Rosenzweig, nannte er Helen Hirsch «Lena» und Helen Rosenzweig «Susanna».

Meine Großmutter hat nach dem Krieg immer wieder von ihren Hausmädchen in Płaszów erzählt. Als Kind glaubte meine Mutter, «Lena» und «Susanna» seien so etwas wie Verwandte. Dass für die beiden der Aufenthalt in der Villa meines Großvaters die schrecklichste Zeit ihres Lebens war, erfuhr meine Mutter erst viel später.

Ich bin also mit meinem dritten Namen nach einer jüdischen KZ-Überlebenden benannt. Nach der Frau, deren Treffen mit meiner Mutter in Krakau ich im Dokumentarfilm so aufmerksam verfolgt habe und deren Schicksal mich sehr bewegt hat.

Ich frage meine Mutter auch nach der Adoption. Sie erzählt, als ich irgendwann gesagt hätte, ich wolle so heißen wie meine Brüder, wäre sie das erste Mal auf den Gedanken gekommen, mich von den Siebers adoptieren zu lassen. Sie hätte das Ganze mit meiner Großmutter Irene besprochen, und die meinte: «Ja, warum nicht, ich war ja bei der Familie, die macht einen sehr guten Eindruck.»

Für meine Mutter war die Adoption zunächst eine rein formale Sache. Sie dachte, sie erspare Bürokratie, mache es mir und meinen Adoptiveltern leichter. Erst danach sei ihr klargeworden, dass sie damit keine Besuchsrechte mehr hatte. Wütend und enttäuscht sei sie gewesen.

Als sie mich nicht mehr treffen durfte, sei sie ab und zu am Haus in Waldtrudering vorbeigefahren, auch meine Großmutter sei manchmal mitgekommen.

Meine Mutter schaute das hübsche große Haus an, in dem ich nun wohnte, und sagte zu sich: Das ist schon alles gut so. Mehr kannst du nicht verlangen.

Sie hatte sich mit der Adoption abgefunden.

Meine Mutter sah nur das Äußerliche: das Haus, den Garten, die Insignien des bürgerlichen Mittelstandes. Sie sah nicht, dass ich mich zerrissen fühlte.

Sie sieht es auch jetzt nicht. Sie fragt nicht, wie es mir in der Adoptivfamilie erging. Was ich vermisste. Ob ich sie vermisste.

Für sie scheint klar zu sein: Die Adoption war das Beste für mich. Ich hatte eine Bilderbuch-Kindheit.

Sie denkt, es war gut für mich, nicht mehr den Namen «Göth» zu tragen und damit auch nicht die Last der Familiengeschichte. Sie versteht immer noch nicht, dass das Nicht-Wissen die größere Bürde war.

Wir reden fast vier Stunden. Sie hat selbst angefangen, Althebräisch zu studieren, aber sie will nicht wissen, wie es mir in Israel ging.

Ich versuche, mich in sie hineinzuversetzen, möglichst vorsichtig und verständnisvoll zu sein, nicht zu viel zu fragen oder zu verlangen. Ich werde zur Mutter, sie wird zum Kind: Mir scheint es, als müsse ich sie beschützen und ihr helfen.

Für den Abend hat meine Mutter meinen Mann und mich zum Essen eingeladen. Ihr Haus liegt in einem kleinen Weiler in der Nähe eines Waldes. Der Garten ist schön angelegt, man sieht, dass meine Mutter gern dort arbeitet.

Als mein Mann und ich ankommen, stehen meine

Mutter und Dieter noch am Herd und bereiten das Essen vor. Wir trinken zusammen in der Küche ein Glas Wein. Danach setzen wir uns an den Esstisch und reden. Mein Mann sieht meine Mutter nun das erste Mal. Auch ihm fällt auf, dass sie hauptsächlich über ihre Eltern spricht.

Meine Mutter erzählt, sie habe einmal Irene gefragt: Warum kann denn nicht der Oskar Schindler mein Vater sein, warum muss es der Amon sein? Und Irene antwortete: Wenn der Oskar dein Vater wäre und nicht der Amon, dann würd's dich auch nicht geben.

Noch einmal vergleicht meine Mutter mich heute mit Irene, aber diesmal klingt es wohlwollender. Wir schauen zusammen Fotos von meiner Großmutter an, spontan sagt sie: «Such dir eins aus.» Ich wähle ein Bild von Irene im Profil. Darauf sieht sie so aus, wie ich sie in Erinnerung habe: elegant und trotzdem natürlich, ein Tuch ist um ihre Schultern geschlungen.

Meine Mutter gibt mir das Foto. Dann überreicht sie mir ein kleines Zigarrenkistchen. Darin liegt der goldene Lieblingsarmreif meiner Großmutter. Meine Mutter sagt: «Ich schenke ihn dir.» Der schlichte Schmuck gefällt mir sofort, dennoch halte ich ihn zunächst unschlüssig in der Hand. Ich will nichts aus dem Lager, nichts Geraubtes, kein Gold aus den Zähnen der Opfer. Als ich höre, dass der Armreif noch von meiner Urgroßmutter stammt, nehme ich ihn an. Ich freue mich über diese Geste.

Ich nehme es hin, dass meine Mutter fast nur von der Vergangenheit spricht. Ich denke, dass dieses Treffen ja erst der Anfang ist.

Zur Begrüßung haben sie und ich uns die Hand gegeben. Zum Abschied nehmen wir uns kurz in den Arm.

Ich habe jetzt eine Mutter.

*

Jennifer Teege lächelt, als sie kurz danach über die Begegnung mit ihrer Mutter spricht. Den Goldreif ihrer Großmutter trägt sie am Arm.

Jennifers älterer Bruder Matthias sagt: «Nach dem Treffen mit ihrer Mutter stand für Jenny erst mal die leibliche Familie im Vordergrund. Sie stellte die Zeit bei der Adoptivfamilie in Frage.»

Inge Sieber erlebt diese Zeit als «Jennifers zweite Ablösung nach der Pubertät: Nach dem Treffen mit ihrer Mutter hat sie uns zunächst sehr kritisch gesehen. Das war hart für meinen Mann und mich.» Für Inge Sieber war es schon schwer gewesen, als Jennifer sie nach dem Fund des Buches plötzlich nur noch mit Vornamen anredete statt mit «Mama»: «Da hat's mich gerissen.» Nur manchmal verspreche sich Jennifer noch und sage wieder «Mama» zu ihr.

Vor dem zweiten Treffen, diesmal mit ihrer Mutter und ihrer Schwester Charlotte gemeinsam, wohnt Jennifer Teege wieder bei ihren Adoptiveltern in Waldtrudering.

Ihr Adoptivvater Gerhard geht mit Jennifer Teeges Söhnen durch den Garten: Er hat für die beiden je einen «Lebensbaum» in den Garten gepflanzt, einen Gingko-Baum für Claudius und einen Apfelbaum für Linus. Jetzt führt er die Enkel zu ihren neu gepflanzten Bäumchen. «Opa, gleich treffen wir die Mama von Mama», sagt Jennifer Teeges jüngerer Sohn Linus zu ihm.

Als Jennifer Teege, ihr Mann und ihre Söhne aufbrechen, winken die Adoptiveltern ihnen nach.

*

Ich freue mich auf das nächste Treffen mit meiner Mutter, diesmal mit Charlotte, meinem Mann und unseren Kindern. Ein Familientreffen am Karfreitag. Meine Familie: Es fühlt sich authentisch an, wenn ich das sage.

Ich wünsche mir mehr Leichtigkeit in unseren Beziehungen. Ich hoffe, dass wir über den Punkt hinauskommen, an dem wir nur unsere Vergangenheit und die meiner Großeltern aufarbeiten. Es wäre schön, wenn wir einfach mal so etwas miteinander unternehmen würden.

Zu Charlotte habe ich einmal mit einem leichten Schmunzeln gesagt: «Vielleicht sitzen wir eines Tages alle gemeinsam unterm Weihnachtsbaum.» Ich denke nicht, dass es so kommt. Ich habe meine Adoptivfamilie, die bleibt mir. Aber es wäre schön, wenn auch meine Mutter und Charlotte Teil meines Lebens würden.

Meine Mutter hat nun eine große Chance: nach all den Jahren eine Tochter zurückzubekommen.

Es war interessant, allein mit meiner Mutter zu sprechen, ich habe so vieles über sie und meine Großmutter erfahren. Auch Puzzleteilchen, die mir in meiner Biographie noch fehlten, kann ich nun einfügen.

Manche Dinge wusste ich schon aus dem Buch über sie, aber jetzt gab es in ihrer Geschichte eine zusätzliche Protagonistin: mich. Es hat mich sehr verletzt, dass sie mich im Buch nicht erwähnt hat. Sie sagt, sie tat es zu meinem Schutz – um mir ein neues Leben zu ermöglichen.

Sie ist kein Typ, der sich selbst in Frage stellen würde, dazu lebt sie zu sehr in ihrer Welt. Oft wirkt sie spröde, sagt Dinge, die harsch und absolut klingen – aber ich glaube, dahinter steckt eine liebenswerte und liebesbedürftige Frau.

Ich sehe, welchen Weg sie gegangen ist: Immer wieder war sie psychisch am Boden, sie hat eine schreckliche erste Ehe hinter sich – und jetzt führt sie ein fast normales Leben. Ich denke, sie lässt viele Dinge nicht so nah an sich heran, um sich zu schützen.

Mein Mann hält vor dem verabredeten Restaurant an, wir steigen aus. Charlotte kommt, sie sieht erschöpft aus. Sie sieht den Goldreif an meinem Arm. Ich erzähle: Unsere Mutter hat ihn mir geschenkt, er ist noch von Irene. Charlotte blickt auf den Armreif und sagt nichts.

Meine Mutter und Dieter kommen dazu, wir essen alle zusammen, danach gehen wir im Englischen Garten spazieren. Wir rudern auf dem Kleinhesseloher See, anschließend gehen wir mit den Kindern auf den Spielplatz.

Nach außen ist es ein normales Treffen, aber ich finde es doch sehr distanziert. Ich hätte es mir noch persönlicher gewünscht, herzlicher. Ich hatte gehofft, nicht nur eine ältere Frau kennenzulernen, sondern eine Mutter. Nach dem ersten Wiedersehen dachte ich noch, das geht. Jetzt bin ich realistischer, ich habe gespürt: Meine Mutter ersehnt sich keine so innige Beziehung wie ich. Das liegt auch in ihrer Persönlichkeit begründet, ihre mütterliche Seite ist nicht so stark ausgeprägt.

Ich bin jetzt vierzig, sie ist siebenundsechzig. Ich bin zu alt, sie kann mir nicht noch einmal die Flasche geben und mir bei den ersten Schritten helfen. Alles, was sie verpasst hat, was wir beide verpasst haben – es lässt sich jetzt nicht mehr nachholen.

Noch einmal sehe ich meine Mutter, vier Tage nach unserer Begegnung am Karfreitag. Wir treffen uns am Grab meiner Großmutter.

Ich habe sie gebeten, mir Irenes Grabstätte zu zeigen. Es war mir ein Bedürfnis, mit ihr gemeinsam dorthin zu gehen. Wir verabreden uns am Münchner Viktualienmarkt. Ich kaufe Blumen, dann fahren wir zum Nordfriedhof. Meine Mutter besucht das Grab regelmäßig. Es scheint, als hätte sie jetzt Frieden mit ihrer Mutter geschlossen.

Wir gehen durch das Tor. Der Friedhof ist sehr groß. Überall stehen hohe alte Bäume, schmale Wege führen zu den Gräbern. Irene ist gemeinsam mit ihrer Mutter Agnes Kalder begraben. Es ist ein schönes Grab, ganz schlicht. Meine Mutter und ich pflanzen gemeinsam Stiefmütterchen. Dieser Besuch ist so wichtig für mich. Vor dem Grab von Irene bitte ich meine Mutter: «Wenn du den Kontakt zu mir einmal nicht mehr willst, respektiere ich das. Aber bitte verabschiede dich, verschwinde nicht wie in meiner Kindheit.»

Wir telefonieren noch einige Male. Danach höre ich nichts mehr von ihr. Ich schicke ihr ein Päckchen, aber es kommt dreimal zurück, «Annahme verweigert» steht darauf. Als ich bei ihr anrufe, hebt niemand ab. Ich lasse es ewig klingeln, vergeblich.

*

«Shalom» steht auf dem Schild an Monika Göths Haustür, «Friede», aber Friede herrscht hier nicht.

Monate nach ihrem Besuch mit Jennifer auf dem Nordfriedhof sitzt Monika Göth unterm Dach aus wildem Wein auf ihrer Terrasse. Ihr Mann hat Torte gebacken und Kaffee gekocht. Es ist ein warmer Spätsommertag, die Fliegen sind noch einmal herausgekommen. Monika Göth redet und redet, ab und zu klatscht sie eine Fliege tot. In wilden Schleifen erzählt sie ihre Geschichte, die nur um ein Zentrum kreist: ihre Eltern, «der Amon und die Ruth». Mal ist sie ruhig und lächelt, dann wieder zischt und schimpft sie ihre Wut über ihre verkorkste Familie heraus.

Monika Göth sagt, sie habe immer versucht, ihre Tochter Jennifer zu schützen, sie herauszuhalten aus diesem ganzen «Göth-Mist».

Für ihre Mutter ist Jennifer zuallererst die Tochter ihrer Adoptiveltern: Jennifer habe doch eine phantastische Mutter, was wolle sie denn plötzlich von ihr?

Monika Göth sagt, für sie seien diejenigen die Eltern, die ein Kind aufziehen.

Sie versteht nicht, was diese fremde Tochter von ihr will. Warum sie so unbedingt daran festhält, dass auch eine furchtbare Wahrheit besser ist als das Schweigen, auch eine kaputte Familie besser als gar keine Wurzeln.

Monika Göth sagt, sie habe sich anfangs sehr über Jennifers Anruf gefreut, aber ihre Tochter habe ein anderes Tempo als sie. Sie habe sich regelrecht bedrängt gefühlt von Jennifers Eifer, alles wieder kitten zu wollen, die Familie wieder zusammenzuführen: Als habe ihre Tochter ein Drehbuch geschrieben, nach dessen Vorlage nun die Versöhnungsszene schnell abgedreht werden solle. Aber eine Beziehung müsse nach all den Jahren langsam wachsen. Letztlich sei es wohl auch zu spät dafür, sagt Monika Göth.

Jennifer Teege wird ihre Mutter nur auf dem Bildschirm wiedersehen: Monika Göth gibt erneut Interviews, ein israelischer Dokumentarfilmer hat sie überredet, über ihre Rolle als Tochter von Amon Göth zu sprechen. Immer wieder absolviert Monika Göth solche Auftritte, dabei wolle sie doch eigentlich nur ihre Ruhe, sagt sie.

Monika Göth kümmert sich jetzt um ihr Enkelkind, den Sohn ihrer Tochter Charlotte, der bei ihr aufwächst. Monika Göth sagte über ihn: «Er ist mein Leben. Ich tue für ihn, was ich gern für meinen Vater getan hätte, als er ein kleiner Junge war.»

Charlotte hat für ihren Sohn einen jüdischen Vornamen ausgesucht und diesen dann kombiniert mit dem Namen des Großvaters: «Amon», so hat Jennifer Teeges Halbschwester ihren Sohn mit zweitem Vornamen genannt.

*

Ich hatte immer das Gefühl, Teil eines Mobiles zu sein: Jeder ist mit jedem über viele unsichtbare Fäden verbunden. Bewegt sich der eine, schwingen die anderen mit. Ich hänge ganz unten fest, und oben bewegen sich die Hauptfiguren.

Die zentrale Figur ist Amon Göth. Von ihm ging das Unheil aus. Obwohl er schon lange tot ist, steht er über allem, zieht im Hintergrund die Fäden. Durch die Adoption bin ich dem Familiensystem eine Zeitlang entflohen. Ich habe friedliche Jahre erlebt. Dennoch bin und bleibe ich Teil des Ganzen, eine wichtige Figur am Rand.

Ich habe mir gewünscht, das Mobile zu entknoten und alte Verstrickungen aufzulösen. Damit nicht immer neue schreckliche Ereignisse die Familie erschüttern.

Vielleicht habe ich mir zu viel vorgenommen.

Das Porträt meiner Großmutter steht in einem silbernen Rahmen auf einem Sims in unserem Haus, zusammen mit Bildern meiner Kinder und von Freunden.

Manchmal gehe ich an Irenes Grab. Ich zünde ein Grablicht an, stelle frische Blumen in die Vase. Ich will hier nicht viel verändern: Was würde meine Mutter sagen, sie pflegt seit Jahren das Grab.

Das letzte Mal war der Grabstein zugewachsen, aber ich wagte nicht, das Gestrüpp wegzuschneiden.

KAPITEL 5

Enkel der Opfer: Die Freunde in Israel

Where are you from – Obama family, he!?
(Gewürzhändler 2011 in der Jerusalemer Altstadt zu Jennifer Teege)

Ich bin wieder in Israel. Endlich.

Tel Aviv ist größer geworden. Die Ausfallstraßen wirken doppelt so breit, neue Hochhäuser ragen in den Himmel. In der Innenstadt gibt es immer noch viele verfallene Gebäude, die Fassaden sind schmutzig und angegriffen von Abgasen und Salzluft; daneben strahlen die frisch renovierten Häuser umso heller.

An der ruhigen kleinen Rehov Engel, der Engel-Straße, liegt zwischen Palmen und blühenden Büschen das Haus, in dem ich mit Anfang zwanzig ein WG-Zimmer bewohnte. Hier saß ich vor vielen Jahren vor dem Fernseher und sah mir den Film «Schindlers Liste» an.

Die Sonne, die Salzluft, der kehlige Klang des Hebräischen: Alles ist vertraut. Aber ich bin eine andere.

Als ich vor über 20 Jahren hierherkam, um meine Freundin Noa zu besuchen, war ich jung, neugierig und unbelastet. Zurück kehre ich nun als die Enkelin von Amon Göth.

Noa war der Grund, warum ich das erste Mal nach Israel kam.

Sie war auch der Grund, warum ich mich nach der Entdeckung meiner Familiengeschichte vor nun fast drei Jahren nicht mehr hierherwagte.

Ich traf sie in Paris. 1990 hatte ich Abitur gemacht und war danach für ein Jahr in die französische Hauptstadt gezogen. Ich betreute die Kinder einer Pariser Familie und besuchte Kurse an der Universität Sorbonne. Zusätzlich bereitete ich an einer Kunstschule eine Bewerbungsmappe vor: Nach meiner Zeit in Paris wollte ich Graphik- oder Kommunikationsdesign studieren.

In einem Kurs zum Aktzeichnen lernte ich Noa kennen. Beide bemühten wir uns, die Proportionen des anwesenden Modells korrekt zu zeichnen. Nach der Stunde standen wir noch auf dem Flur und unterhielten uns lange.

Mir gefielen ihre Schlagfertigkeit und ihr Humor. Sie hatte blonde lange Locken und hellgrüne Augen. Offen sprach sie über sich und ihre Gefühle. Sie erzählte mir, dass es Tage gebe, die irgendwie anders waren – Noa nannte sie «camera days». Ich kenne diese Tage, an denen man als stiller Beobachter durch die Stadt geht, die Welt heran- und wieder wegzoomt. Noa schaffte es, dieser Empfindung, die sich nur schwer in Worte fassen lässt, einen Begriff zu geben. Ich mochte ihre treffende Sprache und ihren besonderen Blick auf die Welt.

Noa war wie ich Anfang zwanzig und begleitete ihren Vater nach Paris, einen Künstler, der dort ein Stipendium erhalten hatte. Noas Vater trug im Winter stets Schwarz, im Sommer war er nur in Weiß gekleidet.

Noas Mutter war Juristin. Sie hatte schon öfter in Deutschland zu tun gehabt, auch in München. Noa war als Jugendliche einige Male mitgekommen. Nun versuchte sie, sich an die wenigen deutschen Worte zu erinnern, die sie damals aufgeschnappt hatte: «Bitte. Danke. Guten Tag.»

Für mich schrieb sie das hebräische Alphabet auf eine Serviette. Ich wunderte mich, dass man die Worte von rechts nach links schreibt. Noa erzählte von Israel, als sei es ein ganz gewöhnliches Land.

Nach einem Jahr verließ ich Paris. An den verschiedenen Universitäten, an denen ich mich für ein Designstudium beworben hatte, wurde ich nicht angenommen. Ich beschloss, Noa in Tel Aviv zu besuchen. «Wann kommst du mal nach Israel?», hatte sie mich beim Abschied in Paris gefragt.

Der Flug von München nach Tel Aviv dauerte vier Stunden. Noa erwartete mich in ihrer Wohnung. Sie öffnete mir fröhlich die Tür und zeigte mir kurz ihr Zimmer, in dem auch ich schlafen würde. Auf dem Balkon saß ihre Mitbewohnerin Anat. Sie war etwas älter als Noa und hatte rotblondes Haar. «Anat, das ist Jenny», stellte Noa mich vor. Anat und ich gaben uns die Hände. Schon drängte Noa zum Aufbruch: Sie wolle unser Wiedersehen an einem besonderen Ort feiern.

Noa winkte ein Taxi heran, und wir fuhren an der Strandpromenade entlang in den Süden von Tel Aviv, bis wir schließlich nach einer halben Stunde auf einer Schotterpiste zum Stehen kamen. Ich stieg aus und blickte mich um: Wir standen auf einer steilen Klippe, unter uns das

Meer. Vor uns lag unter freiem Himmel eine Bar, zum Bersten voll.

Die Bar hieß «Türkis». Auf grünem Gras standen Liegestühle und Hollywoodschaukeln. Immer mehr Menschen strömten in die Bar. Ich fand die Frauen auffallend hübsch, fast alle hatten lange dunkle Locken.

Rückblickend fällt es mir schwer zu sagen, was ich erwartet hatte. Bestimmt jedoch keine ausgelassenen Menschen, die zwischen Palmen und bunten Sonnenschirmen in Hollywoodschaukeln sitzen und bei Chill-out-Musik aufs Meer blicken.

Durch meinen Geschichtsunterricht und die Berichterstattung über Israel war ich auf einen permanenten Ausnahmezustand vorbereitet. Ich dachte an den Holocaust und die Intifada. Ich hatte mir ein traumatisiertes Volk vorgestellt – in einem Land, in dem an jeder Ecke eine Bombe hochgehen kann.

Ich fand eine Stadt, auf Sand gebaut, die hellen Bauhaus-Klötze auf Stelzen, sodass die Meerluft durch die Straßen wehen konnte.

Ich hatte das Schwere erwartet und fand: Leichtigkeit.

An diesem Nachmittag in Israel wusste ich: Hier will ich bleiben, in diesem Land!

Ich setzte mich mit Noa ins warme Gras. Wir beobachteten die Sonne, die langsam unterging.

*

Tel Aviv, das heißt auf Deutsch: Frühlingshügel. 1909 gaben jüdische Einwanderer ihrer kleinen Siedlung in den Sanddünen am Mittelmeer diesen Namen.

In den Jahren nach 1933 suchten viele europäische Juden in Palästina Zuflucht. Sie wollten ein Land für sich, weil man sie in anderen Ländern ermorden wollte.

Die erste Gruppe der Flüchtlinge emigrierte noch rechtzeitig aus Deutschland und den von den deutschen Truppen besetzten Gebieten.

Andere entkamen den Nationalsozialisten nicht. Sie reisten nach Kriegsende aus Lagern wie Płaszów nach Palästina, versehrt an Körper und Seele.

In der Holocaust-Gedenkstätte Yad Vashem in Jerusalem betrachten die Besucher heute in den dunkel gehaltenen Ausstellungsräumen die Zeugnisse der nationalsozialistischen Verbrechen. Sie sehen auch ein Foto des KZ-Kommandanten Amon Göth, der in SS-Uniform auf seinem Schimmel reitet. Sie erblicken die Bilder weiterer Kommandanten und Konzentrationslager, sie begreifen das Ausmaß der Vernichtung. Dann führt der Ausgang leicht bergauf ins sonnenbeschienene Israel. Die Botschaft von Yad Vashem: Der Holocaust und Israel verhalten sich zueinander wie Dunkel und Hell. Das neue Land als Aufbruch ins Licht.

Am 14. Mai 1948 rief der Zionisten-Führer David Ben-Gurion in Tel Aviv den Staat Israel aus. Vor Freude tanzten die Juden auf dem Dizengoff-Boulevard der Stadt.

Mit der Gründung Israels wurde der Traum der Zionisten von einem eigenen jüdischen Staat zwar Wirklichkeit. Doch der zionistische Mythos, der «ein Land ohne Volk für ein Volk ohne Land» proklamierte, entsprach nicht der Realität: Das den Juden heilige Land war von arabischen Palästinensern bewohnt.

Zwei Völker verbanden ihre nationale Identität mit demselben Land.

Was für die Israelis die Gründung ihres Staates war, hieß für die Palästinenser «Nakba», die Katastrophe.

Schon in der Nacht des 14. Mai 1948 rückten die Truppen der fünf arabischen Staaten Ägypten, Irak, Transjordanien, Libanon und Syrien in Israel ein, mit dem erklärten Ziel, den neuen Staat wieder zu zerstören. Die Israelis siegten in diesem ersten arabisch-israelischen Krieg und vergrößerten ihr Territorium erheblich; sie behielten mehr Land, als ihnen der Teilungsplan der Vereinten Nationen zugesprochen hatte. Rund 700 000 Palästinenser flüchteten oder wurden vertrieben, viele palästinensische Dörfer wurden zerstört.

Dem ersten Krieg direkt nach der Staatsgründung folgten weitere militärische Auseinandersetzungen mit den arabischen Nachbarn.

Die Geschichte des Staates Israel und die mit ihm unlösbar verknüpfte Geschichte der arabischen Palästinenser, sie ist eine Abfolge von Kriegen und Attentaten, von Gewalt und Gegengewalt, sie lässt sich kaum objektiv und schon gar nicht in wenigen Zeilen erzählen.

Der Nahost-Konflikt erscheint auch deshalb so unlösbar, weil sich in ihm viele Konflikte bündeln. Es geht eben nicht nur um Land. Der israelische Historiker Tom Segev schreibt: «Nicht nur politische, strategische und wirtschaftliche Interessen schüren die Auseinandersetzung, sondern auch Angst und Eifersucht, Glaube und Vorurteile, Mythen und Illusionen.»

Längst überlagert religiöser Fanatismus, angefacht von islamischen Fundamentalisten und jüdischen Ultraorthodoxen, jede Diskussion in den beteiligten Ländern.

Israel, das kleine Land am Mittelmeer mit heute acht Millionen Einwohnern, kommt nicht zur Ruhe: Nach außen kämpft der jüdische Staat gegen die arabischen Nachbarn. Nach innen mit sich selbst. Es herrscht kein Frieden zwischen Israelis und Palästinensern – aber auch kein Frieden zwischen strenggläubigen und weltlichen Israelis.

Orthodoxe, streng religiöse Juden und moderne, liberale Einwohner des Landes führen einen erbitterten Streit um Deutungshoheit in vielen politischen Fragen: Welche Rolle spielt die Religion im Staat? Wie soll man mit den Palästinensern umgehen? Sollen die ultraorthodoxen Siedler sich aus den besetzten Gebieten zurückziehen, oder sollen sie dort weiterleben und weiterbauen, rund um die Uhr bewacht von jungen israelischen Scharfschützen?

Als Jennifer Teege Ende 1991 nach Tel Aviv kam, galt die Stadt bereits als Rückzugsort des modernen, demokratischen Israel.

Hier lebt seit jeher die kreative Szene des Landes: Künstler und Schriftsteller wohnen in Tel Aviv; Plattenfirmen, Werbeagenturen und Computerfirmen haben hier ihren Sitz. Linke und Liberale, Schwule und Lesben lieben die Stadt für ihr unorthodoxes Lebensgefühl.

In den Jahren nach der Staatsgründung kamen so viele Juden nach Tel Aviv, dass die meisten Häuser in Windeseile hochgezogen wurden. Zuvor hatten hier junge europäische Architekten rund 4000 Gebäude im Bauhaus-Stil errichtet, die «weiße Stadt».

Inzwischen leben in Tel Aviv rund 400 000 Menschen, eingewandert aus über 100 Nationen.

Tel Aviv ist ein Ort des Neuanfangs, eine Stadt ohne Erinnerungen. Eine Gegenwelt zur Hauptstadt Jerusalem, wo jeder Stein eine Geschichte erzählt und der religiöse Fanatismus blüht.

Tel Aviv ist nicht schön und malerisch wie Jerusalem, dafür jung und modern, laut und hektisch, weltoffen und tolerant. Im Sommer stinkt es nach Abgasen und Müll, magere Katzen suchen am Strand nach Essbarem.

Israelis sagen, das wichtigste Wort, das man in dieser Stadt kennen müsse, sei: Lisromm – sich locker machen, flexibel sein. In Jerusalem werde gebetet, in Haifa gearbeitet – und in Tel Aviv, da werde gelebt.

Vor allem in den neunziger Jahren pflegte die Stadt ihr Image als cool-beschwingter Party-Planet. «The Bubble», die Seifenblase, wurde der sorglose Alltag in den Szenevierteln Tel Avivs auch genannt.

Dabei hatte bereits Ende 1987 die erste Intifada, der palästinensische Aufstand gegen die israelischen Besatzer, begonnen, im selben Jahr gründeten Palästinenser in Gaza die radikalislamistische Organisation Hamas. Auch Bombenattentate erschütterten schon regelmäßig das Land.

Noch zu Beginn des Jahres 1991 ließ der irakische Diktator Saddam Hussein während des zweiten Golfkrieges mehrfach Raketen auf Tel Aviv und Haifa abfeuern, obwohl Israel an diesem Krieg offiziell nicht teilnahm. Jennifer Teeges Freundin Noa erinnert sich: «Während des Beschusses durch den Irak lebten wir in ständiger Todesangst. Immer wieder heulten die Alarmsirenen und kündigten Angriffe an. Über zwei Monate lang hatte ich die Fenster meines Zimmers mit Plastikfolien luftdicht zugeklebt. Gasmasken und Mineralwasser für mehrere Wochen lagen bereit.»

Als Jennifer Teege nach Tel Aviv kam, lagen die irakischen Angriffe fast ein Jahr zurück. Noa sagt: «Wir hatten Schlimmes hinter uns und genossen danach umso mehr das Leben. Es war

In Israel, um 1992

eine unbeschwerte Zeit, die fröhlichste, an die ich mich überhaupt erinnere.» Auf den Partys in Tel Aviv schienen Leid und Gefahr weit weg zu sein.

*

Am nächsten Tag war ich früh auf den Beinen. Bisher hatte ich Tel Aviv nur vom Taxi aus gesehen, jetzt wollte ich die Stadt zu Fuß erkunden. Ich setzte mich in ein Café und bestellte einen frisch gepressten Orangensaft, dazu einen Bagel, weil ich das für ein typisch israelisches Frühstück hielt.

Danach lief ich zur nahen Uferpromenade, Tayelet genannt. Hier reihen sich hohe Hotelbauten aneinander. Noa, die mich nicht begleiten konnte, weil sie zu einer Vorlesung musste, hatte mir noch einen Tipp mit auf den Weg gegeben: «Schau dir die Stadt von oben an!»

Ich schlich mich in ein Vier-Sterne-Hotel an der Promenade und fuhr mit dem Fahrstuhl in das oberste Stockwerk. Die Aussicht war spektakulär: Vor mir erstreckte sich die Skyline von Tel Aviv, bis in die Vororte konnte ich blicken. Zur anderen Seite hin sah ich den Strand und das Meer.

Ich ging zum Wasser. Strandbesucher mit nassen Haaren kamen mir entgegen, Jogger liefen vorüber. Aus den Strandcafés schallten israelische Schlager. Kinder bauten Burgen, im Wasser paddelten Wellenreiter. Ich zog meine Schuhe aus und ließ mich in den heißen Sand fallen.

Später schob ich mich in das Gedränge des Karmel-Markts, auf dem Verkäufer lauthals ihre Waren anpriesen:

Obst und Gemüse, Unterwäsche, gefälschte Rolex-Uhren. Gleich gegenüber liegt die «Shenkin», laut Noa die angesagteste Straße im Nahen Osten: Cafés und Boutiquen, Platten- und Designerläden. Der Rückweg zu Noas Wohnung führte mich über den Rothschild-Boulevard, eine prächtige Allee, auf der sich Menschen jeden Alters trafen, Boule spielten und über Politik sprachen.

Ich wollte jede Ecke erkunden, das ganze Land und seine Menschen kennenlernen. Besonders freute ich mich auf Jerusalem: die goldene Kuppel des Felsendoms, die silbrig glänzende der Al-Aqsa-Moschee. Bisher kannte ich die Stadt nur aus Büchern und Erzählungen. Jetzt würde ich sie zum ersten Mal mit eigenen Augen sehen. Am Busbahnhof von Tel Aviv stieg ich in ein Sammeltaxi, ein Sherut.

Durch die verdreckten Scheiben konnte ich die Landschaft nur unscharf erkennen: kahle Hügel, dazwischen kleine Dörfer und immer wieder Soldaten und Militärabsperrungen. Nur 70 Kilometer südlich von Tel Aviv liegt der Gazastreifen, rund 50 Kilometer östlich das Westjordanland. Mir wurde bewusst, wie klein Israel war – viel kleiner, als ich es erwartet hatte.

Nach einer Stunde erreichte ich Jerusalem.

Zum Damaskustor am nördlichen Teil der Stadtmauer waren es nur wenige Meter. Vor dem gewaltigen Torbogen blieb ich stehen. Zwischen den Zinnen der Mauer gingen bewaffnete Soldaten hin und her, sie trugen Maschinengewehre, Helme und kugelsichere Westen. Als die Soldaten meinen neugierigen Blick bemerkten, fixierten sie mich ebenfalls. Ich wandte mich schnell ab und lief durch das Tor, in den arabischen Teil der Altstadt hinein: enge Gassen, mehrstöckige schmale Häuser, überdachte Ladenzeilen. Es duftete nach Tee und Gewürzen. Verkäufer sprachen mich an, wollten mich in ihre Läden locken. Kinder in blauen Schuluniformen tobten zwischen den Häuserzeilen herum. Händler transportierten frische Lebensmittel auf Handkarren durch die steilen engen Gassen und mussten immer wieder abbremsen.

Orthodoxen Juden begegnete ich im arabischen Teil der Altstadt nicht. Hier lebten die Moslems weitgehend unter sich. Ganz anders weiter östlich in der Nähe der Klagemauer: Fromme Juden eilten mir im Laufschritt entgegen. Sie trugen schwarze Hosen und lange Mäntel, darunter flatterten die Gebetsschnüre.

An der Klagemauer staunte ich über die rückwärts laufenden Menschen. Später erfuhr ich, dass sie dem Heiligtum nicht den Rücken zukehren wollen und sich deshalb erst nach einigen Metern umdrehen.

An der Klagemauer beten Männer und Frauen getrennt. Die Männer legten schwarz-weiß gestreifte Schals um, vor- und rückwärts wippend sprachen sie ihre Gebete. Daneben, an dem kleineren Teil der Mauer, der für sie reserviert ist, standen die Frauen. Ihre Lippen bewegten sich stumm zum Gebet.

Ich stellte mich zu den Frauen und berührte den glatten, abgegriffenen Kalkstein mit der Hand. Gebete und Nachrichten in die Ritzen zwischen den Steinen der Klagemauer zu stecken, ist eine jüdische Tradition. Ohne lange nachzudenken, schrieb ich einen Wunschzettel und schob ihn zwischen all die anderen in einen Mauerspalt.

Dann ging ich langsam rückwärts. Auf meinen Zettel hatte ich geschrieben, dass ich mir einen Freund wünschte.

*

Jerusalem. Die heilige Stadt. Heilig für drei Weltreligionen und deshalb so umkämpft wie keine andere.

Hier befinden sich auf engstem Raum nebeneinander die Pilgerstätten von Islam, Christentum und Judentum: Die Al-Aqsa-Moschee und der Felsendom auf dem Tempelberg sind nach Mekka und Medina die bedeutendsten Monumente der Muslime; zur Grabeskirche, wo der Überlieferung nach Jesus gekreuzigt und begraben wurde, pilgern die Christen; die Klagemauer, Westmauer des letzten jüdischen Tempels, ist das bedeutendste Heiligtum der Juden.

Wem gehört Jerusalem? Diese Frage war zentraler Streitpunkt seit dem Beginn des Nahostkonflikts. Der rechtliche Status Jerusalems ist unklar. Faktisch ist die Stadt geteilt in einen vorwiegend arabischen Ostteil und einen jüdischen Westteil.

Geteilt auch zwischen Strenggläubigen und Ungläubigen. Fast die Hälfte aller ultraorthodoxen Israelis lebt in Jerusalem. Ihr Viertel Mea Shearim erinnert an ein Schtetl im neunzehnten Jahrhundert. Die Bewohner sprechen untereinander Jiddisch, einen aus dem Mittelhochdeutschen hervorgegangenen Dialekt, den man als Deutscher ansatzweise verstehen kann.

Die Ultraorthodoxen befürworten eine strenge Geschlechtertrennung in der Öffentlichkeit, so sollen Frauen im Bus hinten sitzen. Den weltlichen Staat Israel lehnen viele der Orthodoxen ab, sie studieren die Thora und arbeiten nicht. Etwa 60 Prozent der ultraorthodoxen Familien in Israel leben in Armut.

Orthodoxe Paare bekommen meist zahlreiche Kinder. Die weltlichen Israelis sehen mit Sorge, dass in vielen Schulklassen in Jerusalem die orthodoxen Jugendlichen in der Mehrheit sind. Stetig wächst auch der Einfluss der streng religiösen Juden auf die israelische Politik.

*

«Mea Shearim» bedeutet «Stadt der hundert Tore». Mit Noa und Anat hatte ich über das religiöse Viertel gesprochen. Sie sagten, weltliche Israelis würden diese Gegend meiden. Am Sabbat, dem heiligen Tag der Juden, an dem die Strenggläubigen ruhen, hätten die Einwohner von Mea Shearim Fremde, die sich dem Stadtteil mit dem Auto näherten, mit Steinen beworfen.

Ich wollte sehen, wie die Menschen dort leben. Ich ging vorbei an verfallenen Häusern und verschachtelten Hinterhöfen. Von den Balkonen flatterte die Wäsche.

Schon die Altstadt von Jerusalem hatte etwas Museales, Gestriges, aber gleichzeitig war sie bunt und lebendig. Mea Shearim wirkte dagegen dunkler und bedrohlicher. Die Häuser wurden eng aneinandergebaut. Auch hier sah ich viele Kinder, aber sie senkten den Blick, sobald ich sie ansah.

Auf den Köpfen der Männer saßen Hüte oder Pelzmützen, seitlich darunter hingen die Schläfenlocken.

Die Röcke der Frauen reichten bis zu den Knöcheln, ihre Füße steckten in Sandalen und dunklen Strümpfen. Ich wunderte mich zunächst, dass fast alle den gleichen Pagenschnitt trugen. Dann fiel mir ein, was Noa mir erzählt hatte: Die orthodoxen Frauen würden in der Regel sehr früh verheiratet, scherten sich dann das Haar und trügen fortan in der Öffentlichkeit eine Perücke.

An jeder zweiten Kreuzung in Mea Shearim hing ein Warnschild, das Touristen in verschiedenen Sprachen ermahnte, nur mit bedeckten Armen und Beinen durchs Viertel zu gehen.

In Mea Shearim leben die Menschen ohne Radio, Fernsehen oder Internet. An den mehrstöckigen schmalen Häusern hingen Plakate. Dort verkündeten die Einwohner Neuigkeiten: Geschäftseröffnungen, Vorträge und Hochzeiten. Auch bizarre Meldungen hingen dort: Die Rabbiner luden ein, zusammen für Regen zu beten. Daneben Warnungen: Jungen und Mädchen dürften nicht zusammen im Bezirk spazieren gehen.

Wie konnte man so leben, in einer Welt voller Gebote und Verbote, zurückgeworfen ins vorletzte Jahrhundert?

Noa hatte mir von einer Freundin erzählt, die einen orthodoxen Mann geheiratet hatte. Noa bedauerte das sehr: «Jetzt lebt sie auf einem anderen Planeten.»

Ich fuhr mit dem Sammeltaxi zurück nach Tel Aviv. Es war schon spät, als ich eintraf. Auf den Straßen waren nur wenige Menschen zu sehen. Freitagabend, der Sabbat begann. In den Fenstern vieler Wohnungen brannten Kerzen, Familien deckten gemeinsam den Tisch.

Noa und Anat feierten den Sabbat nicht. Ich saß an diesem Abend noch lange mit den beiden zusammen, wollte mehr über das Land erfahren. Anat empfahl mir, eine Zeitlang mit anderen ehrenamtlichen Helfern aus aller Welt gegen freie Kost und Logis in einem Kibbuz zu arbeiten. Sie hatte während ihres Militärdienstes im Kibbuz «Eilot» im Süden Israels gelebt und dort Alon, ihren Freund, kennengelernt. Am nächsten Morgen rief Anat im Kibbuz an und organisierte mir einen Platz.

*

Anats Lebensgefährte Alon ist im Kibbuz Eilot aufgewachsen. Einige Wochen nach seiner Geburt im Jahr 1965 brachten ihn seine Eltern ins Kinderhaus des Kibbuz. Er lebte dort mit den anderen Kindern, betreut von einer Erzieherin. Seine Mutter sah er jeden Nachmittag, bevor er zum Schlafen wieder ins Kinderhaus zurückkehrte. Noch heute erinnert er sich, wie er sich in den Nächten nach seiner Mutter sehnte.

Die patriarchale Kleinfamilie – Vater, Mutter, Kinder – galt in den Anfangsjahren vieler Kibbuzim als überlebtes Modell. Die Kindererziehung wurde an Erzieherinnen delegiert. Frauen sollten ebenso arbeiten wie Männer. Auch Haushaltstätigkeiten waren ausgelagert: In den Kibbuzim gab es zentrale Wäschereien, Schneidereien sowie eine Küche und einen Speisesaal, wo die Bewohner gemeinsam die Mahlzeiten einnehmen konnten.

Der Kerngedanke des Kibbuz ist ein Leben in Gemeinschaft. Die Gründer der ersten Kibbuzim orientierten sich an sozialistischen und zionistischen Ideen. Sie wollten einen jüdischen Arbeiterstaat auf eigenem Boden aufbauen.

Der erste Kibbuz wurde vor über einhundert Jahren am See Genezareth gegründet. Mittlerweile gibt es rund 280 dieser Dörfer.

Der Kibbuz Eilot entstand 1962. Er liegt am südlichsten Zipfel Israels, am Rand der Wüste Negev, inmitten zerklüfteter Bergketten, zwischen Jordanien und Ägypten.

Der israelische Schriftsteller Amos Oz hat 25 Jahre in einem Kibbuz gelebt. Seine Bilanz: «Die Gründer hofften, nicht nur das soziale System, die Klassengesellschaft zu verändern. Sie wollten die menschliche Natur revolutionieren. Sie glaubten, wenn sie eine Gemeinschaft schaffen, wo jeder das gleiche isst, sich gleich kleidet, gleichermaßen Arbeit verrichtet und den gleichen Lebensstandard teilt, dass dann Selbstsucht und Egoismus verschwinden und ein neuer Mensch entsteht. Das hat sich als falscher Gedanke erwiesen.»

Alon erhielt keine Ausbildung. Für ihn war es selbstverständlich, dass er nach dem Schulbesuch in den Werkstätten des Kibbuz arbeitete.

*

Mit einem Bus fuhr ich los Richtung Süden. Nach drei Stunden Fahrt hielt der Fahrer an, mitten in der Wüste. Um mich herum nichts als rote Erde. Ich marschierte die Straße hinauf. Oben lag der Kibbuz. Auf den ersten Blick wirkte er wie eine Feriensiedlung: zweistöckige, identisch aussehende Häuser, durch Plattenwege und grüne Rasenflächen getrennt, dazwischen wild wuchernder Oleander.

Um sechs Uhr früh begann hier der Arbeitstag. Ich hatte gehofft, beim Kuhmelken eingesetzt zu werden, das stellte ich mir spannender vor als etwa an einem Fließband Tomaten zu sortieren. Aber daraus wurde nichts. Am ersten Morgen wurde ich in die Küche bestellt. Einen Tag lang war ich für das Entsorgen von Essensresten und das Vorspülen schmutzigen Geschirrs verantwortlich. Am zweiten Tag wechselte ich zum Geschirrspüler. Ich fand das Einräumen von Unmengen schmutziger Teller unglaublich langweilig und stellte mir die Frage, ob ich hier wirklich ein detailreicheres Bild von Israel bekommen würde.

Am nächsten Tag nahm ich meine Tasche und reiste ab.

Ich fuhr einige Kilometer weiter in die südlichste Stadt Israels, den Badeort Eilat am Roten Meer. Um meine Reisekasse aufzufüllen, zog ich los zum Hafen, angeblich ein Geheimtipp unter abgebrannten Backpackern. Ein großes Segelboot legte gerade ab. Ich lief auf den Steg und schrie einem der Crewmitglieder zu: «Are you looking for some help?» – «Sorry, we are full», brüllte er zurück.

Da sah ich ein breites rotes Boot in den Hafen einfahren. Am Steuer stand ein großer, schlanker Mann mit dunklen Haaren. Als der letzte Passagier von Bord gegangen war, ging ich auf den Kapitän zu: «Hi, do you need some help?» Er lächelte: «Yes, someone left this morning.»

Er hieß Shimon, und ich verliebte mich sofort. Er hatte ein wettergegerbtes Gesicht mit hellen blauen Augen unter dichten Brauen. Shimon war ein Sabra – so nennt man die Israelis, die bereits im Land geboren wurden. Man sagt, sie ähneln der gleichnamigen Kaktusfrucht, außen stachlig und hart, innen süß und weich.

Shimon war achtundvierzig Jahre alt, verheiratet und Vater einer kleinen Tochter. Sein halbes Leben hatte er beim Militär verbracht. Er diente der Schajetet 13, einer Eliteeinheit der israelischen Marine. Vor ein paar Jahren war er nach Eilat gezogen und steuerte nun ein Glasbodenboot zwischen Eilat und der ägyptischen Grenze hin und her.

Ich wurde Teil der Bootscrew, zusammen mit zwei Backpackern, die ebenfalls dort arbeiteten, einer Niederländerin und einem Südafrikaner. Tagsüber verkaufte ich Tickets an die Touristen, abends schrubbte ich das Deck und die Toiletten. Danach holte ich die Isomatte hervor, rollte meinen Schlafsack aus und schlief irgendwo auf dem Boot unter freiem Himmel.

Shimon und ich kamen aus verschiedenen Welten, trotzdem ähnelten wir uns: Wir waren beide gern allein und liebten die Stille. Shimon nahm mich mit in die Wüste Negev. Ich war niemals zuvor in der Wüste gewesen, aber ich mochte die Landschaft sofort. Zuerst mag sie eintönig erscheinen, wie ein großes karges Nichts. Aber in dieser Kargheit gibt es so viel zu entdecken. Wir gingen durch enge Schluchten. Shimon zeigte mir ungewöhnliche Felsformationen, machte mich darauf aufmerksam, wie sich die Farbe des Gesteins im Laufe des Tages verändert. Wir entdeckten Pflanzen in der Wüste, sahen Schlangen und Skorpione.

Anfangs störte es mich nicht, dass Shimon nicht viel sprach. Tagelang hätte ich schweigend mit ihm durch die Wüste ziehen können.

Das erste Mal liebte mich jemand so, wie ich war.

Es dauerte einige Wochen, bis die vertraute Unruhe bei mir einsetzte. Hatte die Beziehung zu Shimon eine Zukunft, oder verschwendete ich in Eilat nur meine Zeit? Shimon verstand nicht, weshalb ich mir Sorgen machte. Zwar wohne er noch mit seiner Frau zusammen, doch die Ehe sei längst am Ende. Er fragte: «Warum bleibst du nicht einfach da?» Shimon schlug vor, in Eilat zusammenzuziehen.

Ich bat um Bedenkzeit und flog zurück nach Deutschland. Das Dreimonatsvisum, das ich bei der Einreise erhalten hatte, lief aus. Daheim in München fragten meine Adoptiveltern nicht nach, wann ich denn endlich anfangen würde zu studieren. Sie merkten wohl, dass mit mir nicht zu reden war. Meine Freunde sagten mir dagegen offen die Meinung: Sie fragten mich, was ich als Einundzwanzigjährige mit so einem alten Mann wolle und ob ich an einem Vaterkomplex leide.

Ich jobbte einige Wochen bei Siemens, um Geld zu verdienen. Dann flog ich zurück nach Eilat.

Shimons Frau war in der Zwischenzeit aus der Wohnung in Eilat ausgezogen. Die gemeinsame Tochter ließ sie bei uns. Sie war vier Jahre alt, ein bildhübsches Mädchen mit langen dunklen Locken, die ihr ständig ins Gesicht fielen. Vormittags besuchte sie den Kindergarten, nachmittags war sie bei ihrer Mutter oder bei mir.

Shimon arbeitete auf dem Schiff. Ich wünschte mir mehr Selbständigkeit, wollte mein eigenes Geld verdienen. Eine Anstellung im Ferienclub Méditerranée in Eilat wartete auf mich, doch die Saison hatte noch nicht angefangen. In der Zwischenzeit wollte ich Hebräisch lernen, aber meist legte ich nach fünf Minuten meine Bücher weg und schlenderte zum Strand oder ins nahe gelegene Einkaufszentrum.

Abends, wenn Shimon nach Hause kam, sprang ihm seine Tochter sofort um den Hals. Sie stand bei ihm an erster Stelle. Er spielte mir ihr und las ihr lange vor, bevor er sie zu Bett brachte. Danach ließ er sich erschöpft auf das Sofa fallen. Ich fühlte mich alleingelassen. So hatte ich mir das Leben mit ihm nicht vorgestellt.

Eines Abends, ich hatte wieder einmal auf der Couch gesessen und auf ihn gewartet, brach alles aus mir heraus. Ich überschüttete ihn mit Vorwürfen, beklagte mich, dass sich alles nur um seine Tochter drehe, und fügte hinzu, dass ich ihn während meines kurzen Aufenthalts in Deutschland mit einer alten Liebschaft betrogen hätte.

Shimon sah mich ruhig an. Dann sagte er zu mir, sein Verhalten sei nicht das Problem und auch nicht seine Tochter: «Du weißt nicht, was du willst. Warum machst du alles kaputt?» Dann lehnte er sich zurück. Im Raum war es beängstigend still.

Ich denke manchmal, hätte ich Shimon zu einem späteren Zeitpunkt getroffen, wären wir vielleicht ein Paar geblieben. Aber damals war ich zu jung. Ich suchte einen Retter, keinen Partner. Das war zu viel verlangt.

Am nächsten Morgen packte ich meine Sachen und fuhr zurück nach Tel Aviv. Noch in der Nacht nach meinem Streit mit Shimon hatte ich Noa angerufen.

Shimon meldete sich nicht bei mir. Nach fünf Tagen ging ich in ein Reisebüro und buchte für den nächsten Morgen einen Flug zurück nach Deutschland. An diesem Abend stellte ich den Wecker auf halb fünf Uhr früh.

Als ich aufwachte, fielen mir Sonnenstrahlen ins Gesicht. Ich blinzelte. Vor dem Bett stand die gepackte Reisetasche. Aus der Küche hörte ich ein Klappern. Ich stand auf und steckte meinen Kopf durch die Tür. Noa stand am Herd und winkte mir fröhlich zu. Nachdem wir zusammen gefrühstückt hatten, ging ich zu einer Sprachschule für Neueinwanderer und meldete mich für einen Hebräischkurs an.

*

Noa erinnert sich, wie Jennifer weinend mit ihrem Gepäck vor ihrer Tür in Tel Aviv stand: «Sie war so verliebt in Shimon – und so verzweifelt.»

Als am Abreisetag dann frühmorgens Jennifers Wecker klingelte, versuchte Noa, sie zum Aufstehen zu bewegen: «Aber Jenny drehte sich nur auf die andere Seite und murmelte, sie sei müde.»

Noa lacht noch heute, wenn sie an diesen Morgen denkt: «Sie verschlief einmal – und blieb dann vier Jahre!» Jennifer sei temperamentvoll und spontan, sagt Noa über ihre Freundin. «Am Anfang erfand Jenny ihr eigenes Hebräisch, wir haben so gelacht.»

Mit Jennifer könne man Spaß haben und tiefsinnige Gespräche führen: «Als ich sie in Paris kennenlernte, waren wir uns sofort nah. Unsere Freundschaft ist eine der ungewöhnlichsten, die ich hatte, voller schöner Erlebnisse und verrückter Zufälle. Ich sagte immer wieder zu ihr, es sei ein Zeichen des Himmels, dass sie damals ihren Flug verpasst hat.»

*

Hebräisch gehört zu den semitischen Sprachen. Anders als im Englischen oder Französischen war es mir unmöglich, Worte frei zu erschließen. Die Lehrerin im «Ulpan», der Sprachschule für Neueinwanderer, gab sich alle Mühe. Sie schaffte es, nur mit Gesten und Mimik Wörter zu erklären. Wenn jemand das Verb «liegen» nicht verstand, legte sie sich aufs Pult. Es dauerte nicht allzu lange, dann konnte ich einfachen Unterhaltungen folgen. Aber ich traute mich lange nicht zu reden. Immer wieder brachte mich die neue Sprache mit ihrer schwierigen Grammatik zur Verzweiflung.

Ich suchte mir ein eigenes Zimmer. Mit Tzahi, einem Schauspieler, zog ich in eine Drei-Zimmer-Wohnung an der Engel-Straße. Tzahi war damals im Beruf noch nicht so erfolgreich, bei den Frauen jedoch sehr beliebt. Er war Mitte dreißig, blond, attraktiv und intelligent. Viele dachten, wir seien ein Paar, aber Tzahi war wie ein Bruder für mich. Oft kochten wir zusammen und spielten beim Abwaschen Hauptstadtraten. Wir hatten wechselnde Mitbewohner, aber Tzahi und ich bildeten den harten Kern.

Nachdem ich den Sprachkurs absolviert hatte, bewarb ich mich an der Tel Aviv University für die Fächer «Middle Eastern Studies» und «African Studies». Als das Schreiben mit der Zulassung im Briefkasten lag, fiel mir ein Stein vom Herzen. Vorher war meine Zukunft ungewiss, nun hatte sie sich entschieden: Ich würde in Israel studieren!

In den Vorlesungen saß ich mit Israelis. Die Professoren sprachen Hebräisch, anfangs verstand ich kaum etwas und verwendete viel Zeit darauf, die Lehrinhalte später nachzulesen. Die Klausuren durfte ich auf Englisch schreiben. Für «Middle Eastern Studies» lernte ich auch Arabisch und übersetzte aus dem Koran. Oft saß ich bis Mitternacht an meinem schlecht beleuchteten Schreibtisch, den Kopf über die Bücher gebeugt.

Ich fand einen neuen Freund, Elias. Im Arabischkurs saß er hinter mir und starrte mich die ganze Zeit an. Als wir uns dann in einer Pause unterhielten, verstanden wir uns sofort. Bald gab ich ihm die Schlüssel zu meiner Wohnung. Ich versuchte, Shimon zu vergessen, aber es gelang mir nicht.

In der wenigen Zeit, die mir neben dem Studium blieb, traf ich mich oft mit Noa und Anat. Mit Anat verband mich nun ebenfalls eine enge Freundschaft. Sie war einfach da, mit ihrer leisen, fürsorglichen Art. Einmal war ich in den Sinai gereist, hatte bei den Beduinen in der Wüste Tee getrunken und mir eine schwere Infektion zugezogen. Zurück in Israel, musste ich für mehrere Tage ins Krankenhaus. Als ich entlassen wurde, war ich immer noch geschwächt und fieberte. Anat kam und setzte sich zu mir ans Bett. Dann begann sie, eine Hühnersuppe für mich zu kochen. Stundenlang stand sie am Herd.

Ich bewundere Anat für ihre bescheidene, anspruchslose Art zu leben. Sie zog später zu ihrer Jugendliebe Alon in den Kibbuz nahe Eilat, in dem ich es nur so kurz ausgehalten hatte. Heute arbeitet Anat als Krankenschwester. Ich kann mir keinen besseren Beruf für sie vorstellen.

*

Anat erzählt, sie sei stundenlang mit Jennifer durch Tel Aviv gelaufen: «Wir redeten – über die israelische Politik, über die israelischen Männer. Ich zog dann meist meine Plateauschuhe an, weil ich so klein bin und Jennifer so riesig. Wir fielen auf, wenn wir zusammen unterwegs waren.» Wenn die beiden am Strand entlanggingen, sei Jennifer ständig angesprochen worden: «Manche wollten wissen, ob sie Profi-Basketballerin sei. Oft kamen Model-Scouts und wollten sie für irgendwelche Fotoproduktionen buchen. Aber sie antwortete: Nein, ich studiere», erinnert sich Anat. «Sie war nie eins dieser netten, unbedarften Mädchen. Sie war sehr selbständig und schien zu wissen, was sie wollte. Oft wandten sich Menschen, die selber Probleme hatten, deshalb an sie und baten sie um Hilfe.»

*

Ich verbrachte viel Zeit im Goethe-Institut in Tel Aviv. Deutsche Zeitungen gab es damals noch nicht im Internet. Ich lieh mir stapelweise Bücher aus, las Literatur über den Holocaust, den Zionismus und den Nahostkonflikt. Bald kannte mich jeder im Institut. Schließlich bot man mir eine Halbtagsstelle in der Bibliothek an. Von da an arbeitete ich immer vormittags dort, nachmittags war ich an der Uni.

Ins Goethe-Institut kamen vor allem jüngere Israelis, um dort Deutschkurse zu besuchen. Aber auch ältere Menschen: Holocaust-Überlebende, die wieder Deutsch lesen und hören wollten. Sie erzählten nicht, was sie durchgemacht hatten. Aber ich sah die eintätowierten Nummern auf ihren Armen. Anfangs war ich befangen und hatte das Gefühl, ich müsse mich dafür entschuldigen, dass ich Deutsche bin.

Meine Hautfarbe war eine gute Tarnung: Die meisten Besucher des Goethe-Instituts dachten zunächst, ich sei Amerikanerin oder gehöre zu den vielen äthiopischen Juden, die damals gerade nach Israel einwanderten. Erst wenn ich den Mund aufmachte und fließend Deutsch zu sprechen begann, wussten sie Bescheid. Wenn ich meinen Kommilitonen an der Uni erzählte, dass ich Deutsche sei, blickten sie mich überrascht an: Wieso ich aus Deutschland käme, fragten sie. Wie ich da hingekommen sei, wollten sie wissen.

Einige der Holocaust-Überlebenden, die ins Goethe-Institut kamen, hatten Schwierigkeiten mit den Augen. Wenn ich Zeit hatte, setzte ich mich zu ihnen und las ihnen aus deutschen Zeitungen und Romanen vor.

Als ich viel später meine Familiengeschichte entdeckte, war ich froh, den alten Leuten damals vorgelesen zu haben. Ich hatte ihnen nicht aus Schuldgefühl geholfen, sondern einfach so, weil ich es gerne tat. Ich ahnte damals ja nicht, dass mein Großvater Menschen wie sie umgebracht hatte.

Zwei ältere Damen kamen regelmäßig. Sie fragten mich nach meinem Studium, wir plauderten über Alltägliches. Sie nach ihrer Geschichte zu fragen, wagte ich nicht. Ich sprach einfach Deutsch mit ihnen und erzählte ihnen vom Deutschland heute, das so anders war als das, das sie kennengelernt hatten.

Bei einer Veranstaltung im Goethe-Institut unterhielt ich mich mit einem sechzehnjährigen Israeli, der mir erzählte, dass er seit drei Jahren im Gymnasium Deutsch lernte. Ich lobte ihn für seine gute Aussprache. Da sagte er ganz unvermittelt, dass fast seine komplette Familie in Konzentrationslagern umgekommen sei. Erst schwieg ich betreten, schließlich sagte ich hilflos: «Das Wichtigste ist doch, dass wir beide jetzt hier nebeneinander sitzen und miteinander reden können.»

Ich glaube, er bemerkte meine Not, auf jeden Fall lächelte er freundlich und fragte mich schnell, ob ich schon einmal in Berlin gewesen sei und die deutsche Punkband «Die Toten Hosen» kenne.

Der abrupte Themenwechsel war irgendwie skurril, aber gleichzeitig bezeichnend für die jüngere israelische Generation: Deutschland – das war für sie der Nationalsozialismus, aber eben auch die Gegenwart. Sie fragten mich nach Boris Becker, Helmut Kohl und der Wiedervereinigung. Damals war gerade die Berliner Mauer gefallen.

*

Nathan Durst, Psychologe und stellvertretender Vorsitzender des AMCHA, des Nationalen Zentrums für Psychosoziale Unterstützung von Holocaust-Überlebenden und deren Familien in Israel, sieht bei den Nachkommen der Opfer Unterschiede zwischen zweiter und dritter Generation.

Die Kinder der Opfer seien oftmals mit dem Schweigen der Eltern aufgewachsen: «Einige wurden nach einem ermordeten Verwandten benannt. Trotzdem redeten viele Eltern nicht offen mit ihnen über das Erlebte – um das Grauen nicht wieder hervorzuholen, aber auch aus Scham über die erfahrene Erniedrigung.» Doch die Kinder hätten trotzdem gespürt, dass ihre Eltern Schreckliches durchgemacht hatten, so Durst. Vielleicht sei das ein Grund, warum es der zweiten Generation oft noch schwerfalle, den Gedanken der Versöhnung zuzulassen: «Die Kinder der Überlebenden hatten oft Berührungsängste gegenüber Deutschen, fühlten Hass und ein Bedürfnis nach Rache.»

Die dritte Generation dagegen sehe die Deutschen differenzierter und trenne deutlicher zwischen Vergangenheit und Gegenwart, so Nathan Durst: «Oft sprachen die Großeltern erst mit den Enkeln über die Zeit im Konzentrationslager; über die Erlebnisse, die sie so lange in sich verschlossen hatten. Das war für alle Familienmitglieder heilsam: Dinge, über die gesprochen wird, lassen sich meist auch leichter verarbeiten.»

*

Einmal im Jahr begeht Israel den Holocaust-Tag. Dann heulen im ganzen Land die Sirenen, für zwei Minuten steht alles still, und man gedenkt der Opfer. Ich fand diese Minuten immer sehr bewegend. Von diesem stillen Gedenken ging eine große Kraft aus. Ich stand dann da, inmitten von Israelis, und fühlte mich als Teil der jüdischen Trauergemeinschaft.

Im Umgang mit meinen gleichaltrigen israelischen Freunden spielten meine Nationalität und die Vergangenheit keine Rolle: Noa und ich sprachen über alltägliche Dinge, über unser Studium. Unsere Freundschaft lebte von der Leichtigkeit, den typischen Themen von Zwanzigjährigen: Wir schlossen Wetten ab, mit welcher seiner vielen Verehrerinnen Tzahi, mein hübscher Mitbewohner, als Nächstes im Bett landen würde.

Ich hatte mich am Anfang meines Aufenthalts in Israel intensiv mit dem Nationalsozialismus beschäftigt. Nun stand das Hier und Jetzt im Vordergrund. Während meines Studiums wurde die Apartheid in Südafrika abgeschafft. Da ich auch Afrikanistik studierte, war das für mich ein wichtiges Thema.

In meinem «Middle Eastern»- Studium ging es um die Konflikte im Nahen und Mittleren Osten. Anders als viele meiner Kommilitonen fuhr ich regelmäßig in die besetzten Gebiete, ins Westjordanland und in den Gazastreifen.

Ich wollte nicht nur in Vorlesungen von israelischen Professoren hören, wie es den Palästinensern ging, sondern vor Ort mit den Menschen sprechen, um ihre Situation realistisch einschätzen zu können.

Nach Gaza kam ich zum ersten Mal mit einer Freundin, die dort für eine Hilfsorganisation arbeitete. Ich erinnere mich, wie erschrocken ich war, als ich die armseligen, kaputten Häuser und Straßen in Gaza sah. Überall hingen Plakate mit dem Konterfei des PLO-Vorsitzenden Yassir Arafat.

Die Situation in den Flüchtlingslagern war unerträglich. Menschen, die seit Jahrzehnten ihr Geburtshaus nicht mehr gesehen hatten, lebten dort noch immer in provisorischen Unterkünften. Kinder sprangen herum, aber ich sah keine Spielplätze und kaum Grün, nur Staub und Verzweiflung. Die Palästinenser, mit denen ich dort sprach, sagten immer wieder: «Leben und Tod liegen in Gottes Hand.» Ich fragte nicht nach Schuld, aber das Leid der Menschen konnte ich nicht vergessen.

Während der vier Jahre, die ich in Israel lebte, spitzte sich die politische Lage zu. Eines Morgens stand ich an der Bushaltestelle in Tel Aviv. Wie jeden Morgen war ich auf dem Weg zum Goethe-Institut. Die Buslinie 5 hielt an, die wartenden Fahrgäste stiegen ein. Ich nahm den Bus einer anderen Linie, der kurz danach kam. Als ich nach 20 Minuten das Goethe-Institut erreichte, wusste ich sofort, dass etwas passiert sein musste: Das Goethe-Institut lag neben dem Ichilov-Hospital. Krankenwagen rasten mir mit Sirenengeheul und Blaulicht entgegen. Im Institut standen meine Kollegen schon vor dem Fernseher und sahen die Eilnachrichten: Ein Selbstmordattentäter hatte den Bus mit der Nummer 5 im Zentrum Tel Avivs in die Luft gesprengt. Die Bilder zeigten Blutlachen und den völlig zerbombten Bus.

Ich war oft mit diesem Bus gefahren. Erst jetzt wurde mir richtig bewusst, dass ich in diesem Land, das nicht mein eigenes war, mein Leben verlieren konnte.

*

Mit dem Anschlag auf den Bus am Dizengoff-Boulevard war der Terror im Oktober 1994 in Tel Aviv angekommen: Das Attentat erschütterte die Stadt, die als Sinnbild des weltoffenen Israels galt. 22 Menschen starben, 48 wurden verletzt.

Es war der erste große Anschlag der radikalislamistischen Hamas nach der Unterzeichnung des Oslo-Abkommens: 1993 und 1994 hatten der israelische Ministerpräsident Jitzhak Rabin und der PLO-Vorsitzende Yassir Arafat den schrittweisen Abzug der israelischen Armee aus dem Gazastreifen und dem Westjordanland vereinbart. Die Verträge sahen eine palästinensische Selbstverwaltung und den Verzicht auf Gewalt vor. Besonders schwierige Fragen – die jüdischen Siedlungen in den von Israel besetzten Gebieten, die Zukunft Jerusalems, die Rückkehr palästinensischer Flüchtlinge – wurden allerdings ausgeklammert und sollten später geklärt werden.

1994 erhielten Rabin, Arafat und der damalige israelische Außenminister Shimon Peres den Friedensnobelpreis. Yitzhak Rabin versprach in einer Rede, «einhundert Jahre Blutvergießen für alle Zeiten zu beenden».

Rabin wurde für seine Politik von der radikalen israelischen Rechten massiv angegriffen. Gleichzeitig versuchten die islamistischen palästinensischen Organisationen Hamas und Jihad, den Friedensprozess mit Bombenanschlägen zu stören.

Am 4. November 1995 erschoss der israelische Rechtsextremist Jigal Amir den Ministerpräsidenten Yitzhak Rabin bei einer Friedenskundgebung.

Dem ersten Bombenattentat auf einen voll besetzten israelischen Bus sollten weitere folgen. Fortan konnte man in Tel Aviv so wie auch im Rest Israels nicht mehr mit dem Bus fahren und kein Café, keine Diskothek und keine Einkaufspassage betreten, ohne Angst vor einem Anschlag haben zu müssen.

Mit Yitzhak Rabin starb auch die Hoffnung auf Frieden im Nahen Osten, bis heute.

*

Mit dem Anschlag auf Rabin hatte ich nicht gerechnet. Im Land herrschte Trauer. Ein Israeli hatte einen Israeli ermordet. Die Gefahr kam nicht von außen, nicht aus Gaza, dem Westjordanland oder dem Libanon, sondern aus den eigenen Reihen. Die Ermordung Rabins zeigte, wie zerrissen das Land war.

Seit einiger Zeit schon hatte sich mein Blick auf Israel verändert: Die anfängliche Euphorie war tiefer Skepsis gewichen. Ich saß in einem hochgerüsteten Land, umgeben von feindlichen Nachbarn. Mir war bewusst, wie bedroht diese Nation war, wie unlösbar der Konflikt, in den sie verstrickt war. Wie einseitig der Blick auf die Welt wurde, wenn man hier lebte.

Ich kann nicht mehr genau sagen, wann die Depressionen begannen. Ich weiß nur noch, dass ich irgendwann allein durch Tel Aviv lief. Nicht mehr glücklich und aufgeschlossen, sondern traurig und in mich gekehrt. Ich empfand keine Freude, keine Neugier. Es war, als hätte sich eine Wand zwischen mich und meine Umwelt geschoben.

Wenn ich einatmete, bekam ich zu wenig Luft. Es fühlte sich an, als würde mir jemand die Kehle zudrücken.

Ich zog mich immer mehr zurück, wollte keine Menschen um mich haben. Das Haus verließ ich nur noch, wenn es gar nicht anders ging, zum Arbeiten oder zum Lernen in der Bibliothek. Mit Noa und Anat sprach ich nicht über meine Sorgen. Ich hätte ihnen meinen Zustand nicht richtig beschreiben können.

Was war bloß los mit mir? Objektiv betrachtet fand ich keine Ursachen für meine Traurigkeit. Unter Heimweh litt ich nicht: Ich bekam regelmäßig Besuch von Freunden und meiner Adoptivfamilie. Auch mein Studium war die richtige Wahl gewesen: Endlich beschäftigte ich mich mit etwas, das mich wirklich interessierte.

So intensiv ich auch nachdachte: Mein Zustand ließ sich nicht erklären. Pausenlos machte ich mir Vorwürfe. Ich hatte gesehen, wie die Menschen in den palästinensischen Flüchtlingslagern untergebracht waren. Ich führte dagegen ein schönes Leben, hatte alles, was ich brauchte. Warum konnte ich das nicht schätzen? Warum fiel mir alles so schwer?

Vielleicht, dachte ich, waren die Gründe für meine Traurigkeit ja auch nicht im Hier und Jetzt zu finden. Vielleicht lagen sie länger zurück?

Kaum schaffte ich es, mich auf meine Abschlussarbeiten zu konzentrieren. Ich lernte und lernte, doch mein Kopf schien immer leerer zu werden.

*

Ihre Adoptivfamilie besuchte Jennifer zu dieser Zeit in Israel. Ihr Bruder Matthias erschrak, als er sie sah: «Jenny war völlig erschöpft. Ich fand bedenklich, wie sie lebte: Sie hat sich mit einer Vehemenz in ihr Studium geschmissen, mit einer übertriebenen Detailversessenheit – als wollte sie uns damit etwas beweisen.» Matthias schien es, als wollte Jennifer ihren Adoptiveltern nun endlich zeigen, was sie zu leisten imstande war: «Als wäre sie nur etwas wert, wenn sie die beste Leistung bringt.»

Auch Noa und Anat merkten, dass es Jennifer nicht gutging, aber sie wollte sich nicht helfen lassen. Noa sagt: «So eng unsere Freundschaft war: Ihre Probleme machte Jenny meist mit sich aus.»

*

Irgendwie schaffte ich die Abschlussprüfungen. Danach lud ich Noa, Anat und ein paar andere Freunde zum Essen ein. Am nächsten Morgen verließ ich das Land.

Ich ging zurück nach München und begann dort eine Therapie. Nebenbei arbeitete ich in der Redaktion des Bayerischen Fernsehens. Kurz nach meinem 27. Geburtstag brach ich dort zusammen: Während eines Gesprächs mit meiner Chefin fing ich an zu weinen und konnte nicht mehr aufhören.

Danach lag ich tagelang im Bett, die Decke über den

Kopf gezogen. Eine Freundin rief an, ich nahm den Hörer ab und bat sie, sie solle sich in einem halben Jahr wieder melden. Ich wollte niemanden sehen, nur im Bett liegen und schlafen.

Menschen, die noch nie mit Depressionen zu tun hatten, können sich nicht vorstellen, was es bedeutet, depressiv zu sein. Sie nehmen vielleicht an, Depressionen ähnelten einem gewöhnlichen Stimmungstief: Eine Zeitlang ist man «nicht gut drauf», aber irgendwann bessert sich der Zustand.

Mir ging es nicht besser. Ich fiel in ein tiefes Loch. Die Atemnot fühlte sich immer bedrohlicher an, ich rang nach Luft, glaubte zu ersticken. In der schlimmsten Phase wäre ich am liebsten tot gewesen. Ich dachte nie ernsthaft darüber nach, mir das Leben zu nehmen, aber ich hoffte, ich würde über die Straße gehen, ein Auto würde mich erfassen, und alles wäre vorbei.

Ich hatte mich für einen weiterführenden Studiengang an der «London School of Economics» beworben und auch einen Platz bekommen, aber in meiner Verfassung konnte ich dort nicht antreten. Statt in London zu studieren, ging ich dreimal die Woche zur Therapie.

Die erste Therapieform, die ich wählte, war die klassische Psychoanalyse. Ich lag auf der Couch und berichtete, was ich gerade erlebte oder was mich bewegte. Oft erzählte ich auch aus der Vergangenheit oder sprach über meine Träume.

Während der vielen Stunden bei meiner Münchner Therapeutin kam die Frage nach meiner Mutter wieder hoch. Das Grundgefühl, weggegeben und verlassen worden zu sein, war nicht verschwunden, ich hatte es nur verdrängt. Auch die Frage nach meinem Vater beschäftigte mich plötzlich.

In der Grundschule wollten die anderen Kinder immer wieder wissen, woher ich käme und warum meine Haut so dunkel sei. Ich erzählte ihnen dann, mein Vater sei ein afrikanischer Häuptling, der auf einem Elefanten durch den Dschungel reite. Später behauptete ich, mein Vater sei Idi Amin, der grausame Diktator, der in den siebziger Jahren Uganda regierte. Er war der einzige afrikanische Herrscher, den ich als Kind kannte. Ich dachte, so verstehen die anderen Kinder endlich, dass ich über das Thema nicht reden will, und lassen mich in Ruhe.

Als ich nach dem Abitur nach Paris zog, streifte ich tagelang durch das afrikanische Viertel «Goutte d'Or» im 18. Arrondissement: Auf dem Markt wurden Süßkartoffeln und Maniokwurzeln verkauft, daneben lagen geräucherte Hechte, die aussahen wie vertrockneter Gummi. Fliegende Händler boten Erdnüsse und gebratenen Mais an. Die Frauen waren in wild gemusterte Batikstoffe gewickelt. Ihre Kinder trugen sie auf dem Rücken, die Einkäufe balancierten sie auf dem Kopf. In den Friseurläden wurden Zöpfe geflochten. An einem der Marktstände wehte eine togolesische Flagge.

Afrika war auf einmal ganz nah.

Es war eine mir fremde Welt. Gleichzeitig fühlte es sich an, als käme ich nach Hause. Ich mochte den Rhythmus der afrikanischen Musik, das farbenfrohe Durcheinander. Endlich drehte sich niemand mehr nach mir um oder sah mich aus den Augenwinkeln an.

In Deutschland sind die Schwarzen in der Minderheit. Wenn wir uns dort auf der Straße sehen, nicken wir uns kurz zu, grüßen uns, auch wenn wir uns nicht kennen. Die dunkle Hautfarbe schafft eine Verbundenheit.

Im afrikanischen Viertel in Paris war mein Aussehen auf einmal selbstverständlich. Zum ersten Mal in meinem Leben fühlte ich mich wie eine unter vielen.

Meine dunkle Haut hatte mir mein Vater vererbt. Wo lebte er jetzt wohl? Wer war er? Und wer war ich?

Ich beschloss, meinen Vater zu suchen, und wandte mich an das Jugendamt. Er lebte in einem Dorf in Deutschland.

Ich schrieb ihm ein paar Zeilen, fragte ihn, ob er mich sehen wolle. Wenige Tage später kam seine Antwort. Sein Briefpapier war lindgrün, die Handschrift verschnörkelt, sein Deutsch geschliffen. Er bedankte sich für meinen Brief und teilte mir mit, er habe ihn immer erhofft, ja sogar erwartet. Nun sei ihm ein großer Stein vom Herzen gefallen. Mit großer Aufregung sehe er einem Treffen entgegen. Er würde sich sehr freuen, mich endlich kennenzulernen und nachzuholen, was ihm all die Jahre versagt geblieben sei.

Wir verabredeten uns in einem Restaurant. Zur Begrüßung überreichte er mir eine Rose.

Mein Vater ist Nigerianer. Er erzählte mir, er komme aus Umutu, einer Kleinstadt im Südosten Nigerias, und gehöre zum Stamm der Igbo. Die Igbos sind ein Volk in Nigeria, ursprünglich Waldbauern, heute überwiegend Händler, Handwerker und Beamte. Die meisten bekennen sich zum Christentum.

Mein Vater berichtete mir, er sei einer der Ersten gewesen, die Ende der sechziger Jahre sein Dorf verließen. Wer es damals in Nigeria zu etwas bringen wollte, habe eine westliche Ausbildung angestrebt. Außerdem herrschte zu dieser Zeit Bürgerkrieg in Nigeria.

Mein Vater studierte eine Weile in Deutschland, ging dann nach Nigeria zurück und arbeitete für die Regierung. Er erzählte, er sei an der Korruption verzweifelt: Computer, die für Schulen gedacht waren, verschwanden bei Ministeriumsangestellten. Schließlich zog er wieder nach Deutschland. Heute ist er mit einer Deutschen verheiratet und hat noch fünf Kinder. Meine Halbgeschwister.

Mich wollte er nach der Geburt bei meiner afrikanischen Großmutter in Umutu unterbringen. Ich erfahre, dass mein Vater mir einen afrikanischen Namen gab: «Isioma». Isioma ist ein traditioneller Igbo-Name, er bedeutet: «Viel Glück».

Mein Vater überreichte mir zwei Bücher des nigerianischen Schriftstellers Chinua Achebe, die mir sehr gefielen. Es geht in diesen Büchern um die afrikanische Tradition und um eine übergeordnete Macht, an die die Igbos glauben: Das «Chi», das das Leben bestimmt. Von seinem Chi wird man begleitet. Wenn ein Mensch vom Wege abkommt, dann wird sein Chi versuchen, ihn wieder auf den rechten Pfad zurückzuführen, so erklärt es zumindest Chinua Achebe.

Auch ich frage mich, ob das Leben aus einer Reihe von Zufällen besteht oder ob eine übergeordnete Macht wie das «Chi» uns lenkt. Lange Zeit glaubte ich nur an Zufall, nicht an Schicksal. Erst seit ich meine Familiengeschichte kenne, denke ich anders. Wir sind nicht völlig frei in unseren Entscheidungen, einiges in unserem Lebensweg ist vorherbestimmt.

Nach dem Treffen im Restaurant trennten sich unsere Wege: Mein Vater fuhr zu seiner Familie, ich zurück nach München, in mein altes Leben.

Meine Mutter hatte ich als Kind noch gesehen und deshalb vermisst, aber mein Vater war für mich immer ein Unbekannter. Ich war neugierig auf ihn gewesen und wollte ihn kennenlernen, um mich selbst besser zu verstehen. Aber ich hatte nie Sehnsucht nach ihm verspürt. Das änderte sich auch durch unser Treffen nicht. Er blieb mir fremd.

Ich besuchte ihn noch einmal, er hatte mich zu sich nach Hause eingeladen. Ich lernte seine Familie kennen, seine Frau und seine Kinder. Ich sah, dass sich mein Vater große Mühe gab, aber ich war mit den vielen fremden Menschen überfordert. Wir verabschiedeten uns freundlich. Danach sahen wir uns lange nicht wieder.

Einige Monate nach dem Treffen mit meinem Vater zog ich nach Hamburg. Ein Freund hatte mir von einer neuen Medienagentur erzählt. Ich wollte weg von der Schwere politischer Themen. Ein Job in der Werbung versprach mehr Leichtigkeit. Mittlerweile fühlte ich mich psychisch stabil genug, um wieder regelmäßig zu arbeiten.

*

Auf dem Bewerbungsfoto für die Stelle in Hamburg trug Jennifer Teege eine riesige Sonnenbrille und ein Sonnentop, dazu legte sie eine Reihe von Ideen für Werbespots und Anzeigen, außerdem das Zeugnis der ersten Grundschulklasse: «Jennifer fügt sich gut in die Klassengemeinschaft ein.»

Ihre Bewerbung passte zur Agentur, und sie passte in die Zeit: Es war Ende der neunziger Jahre, die New Economy boomte noch. In der Agentur wurden jeden Monat neue Leute eingestellt, es gab genug zu tun. Friseur und Masseur kamen ins Büro, morgens gab es Frühstück für alle. Um 9.00 Uhr begann der Arbeitstag, und wer um 18.00 Uhr das Großraumbüro verließ, der wurde gefragt: «Arbeitest du heute nur halbtags?»

*

Am ersten Tag in der Agentur sprach mich im Flur ein großer Mann mit tiefer Stimme an: «Bist du neu hier?» Es war der Agenturchef. Götz. Mein Mann fürs Leben.

Frisch verliebt saß ich in einer Loftetage im Zentrum Hamburgs, textete Internet-Kampagnen für Banken, Zigaretten-, Auto- und Möbelmarken.

Die Arbeit machte mir Spaß. Die Atmosphäre war gut, alle waren bester Laune. Bei den Kampagnen für ganz unterschiedliche Produkte konnte ich endlich meine Neugier auf Menschen ausleben: Schon immer habe ich die Leute um mich herum ausgefragt. Mich interessiert, wie andere leben, in welchen Betten sie schlafen, auf welchen Sofas sie sitzen und wohin sie in den Urlaub fahren.

Es dauerte nicht lange, da tauchten die gleichen Probleme auf wie früher. Noch immer hatte ich die Depressionen nicht im Griff. Nun begleiteten sie mich nicht mehr ständig, dafür kamen sie wellenartig. Irgendwann löste jede neue Aufgabe Panik aus. Tagelang formatierte ich nur alte

Texte am Computer um. Einmal zog ich mich kurzfristig mit einem Attest aus der Affäre: grippaler Infekt.

Die Wahrheit sagen konnte ich nicht. In der Welt der Werbung geht es um die perfekte Fassade. Niemand spricht über psychische Probleme, denn sie fördern nicht die Kreativität. Ich fühlte mich damals ständig unter Druck. Einmal die Woche besuchte ich eine psychologische Gesprächsgruppe. An diesen Abenden schlich ich mich immer unter einem Vorwand davon.

*

Götz Teege ist ein ruhiger, besonnener Mann, der nicht viele Worte macht. Über seine Frau Jennifer sagt er: «Es war Liebe auf den ersten Blick. Sie inspiriert mich.» Götz Teege, der selber aus einer stabilen Familie mit vier Geschwistern kommt, versuchte nachzuvollziehen, wie Jennifer aufgewachsen war: «Ihr Grundproblem ist: Sie hat gelernt, dass sie sich auf niemanden verlassen kann.» Trotz ihrer schwierigen Kindheit habe seine Frau eine «ungeheure Kraft»: «Das hat mich immer an ihr fasziniert: Wenn es ihr schlechtging, kämpfte sie, um aus diesem Tief wieder herauszukommen. Sie wollte verstehen, den Dingen auf den Grund gehen. Sie hatte immer das Gefühl, es gebe da etwas, von dem sie nichts wisse. Etwas, das sie herausfinden müsse, um ihr Leben in den Griff zu bekommen.»

*

Meine Beziehung zu Götz festigte sich. Wir sprachen bald über Kinder. Er war sieben Jahre älter als ich und hatte bereits zwei Kinder aus seiner geschiedenen Ehe. Daher war er sich zunächst nicht sicher, ob er noch einmal Vater werden wollte. Hätte er keinen Nachwuchs mehr gewollt, hätte ich unsere Beziehung beendet. Ein Leben ohne Kinder kam für mich nie in Frage. Mit zweiunddreißig Jahren bekam ich meinen ersten Sohn, zwei Jahre später den zweiten.

Ich versuchte, meinen Söhnen all das zu schenken, was ich selbst viele Jahre vermisst hatte: Wärme, Geborgenheit. Normalität.

Das Wichtigste, das ich ihnen heute mitgeben will, ist ein stabiles Selbstwertgefühl. Sie sollen es sich nicht später so mühselig in Hunderten von Therapiestunden erarbeiten müssen wie ich.

Anfangs hatte ich große Schwierigkeiten, meine Söhne mit jemand anderem allein zu lassen. Ich brachte es nicht übers Herz, mich von ihnen zu verabschieden. Wenn die Babysitterin kam, schlich ich mich davon, um ihnen den Trennungsschmerz zu ersparen.

Heute würde ich es anders machen. Ich habe dazugelernt: Ein kurzer Abschied, eine kurze Trennung sind für Kinder auszuhalten. Viel schlimmer ist es, sich nicht zu verabschieden: Wenn die Mutter plötzlich weg ist, wird das Urvertrauen eines Kindes erschüttert.

*

Jennifer Teeges Bruder Matthias fällt auf, dass seine Schwester im Umgang mit ihren Söhnen sehr besorgt und angespannt wirkt: «Ihre Kinder behütet sie sehr, vielleicht zu sehr.»

Matthias glaubt, dass Jennifer sich unter Druck setzt: «In Israel wollte sie eine perfekte Studentin sein. Jetzt will sie eine perfekte Mutter sein.»

Jennifers Mutterbild sei das einer Frau, die rund um die Uhr für ihre Kinder da ist: «Sie versucht, ihnen die Kindheit zu bieten, die sie nie hatte. Sie versucht, die Mutter zu sein, die sie selbst gerne gehabt hätte.»

Nach der Heirat mit Götz Teege und der Geburt ihrer Söhne wichen Jennifer Teeges Depressionen einer Traurigkeit, die sich leichter aushalten ließ. Ihr Leben schien im Lot – bis sie im Alter von achtunddreißig Jahren das Buch über ihre Mutter fand.

Plötzlich hörten Anat und Noa nichts mehr von ihr. Anat sagt: «Wir hatten sonst regelmäßig Kontakt, aber plötzlich war Schluss. Jennifer meldete sich über Monate nicht mehr. Noa und ich machten uns große Sorgen, wir schickten ihr Mails: Was ist eigentlich los bei Dir? Bitte schreib uns doch.»

*

Ich brachte es nicht über mich, mich bei Noa und Anat zu melden, nachdem ich das Buch über meine Mutter gefunden hatte. Zuerst brauchte ich Zeit, um mich von dem Schock zu erholen.

Als ich so weit war, mich meinen Freundinnen in Israel zuzuwenden, merkte ich, wie schwer mir das fiel. Mir kam es so vor, als hätte ich all die Jahre eine Art Doppelleben geführt. Als hätte ich meine Freundinnen und alle Menschen um mich herum betrogen.

Obwohl ich nichts für mein Familiengeheimnis konnte, plagte mich das schlechte Gewissen.

Ich hatte vor allem Angst, Noa alles zu erzählen. Ich wusste nicht, wie sie es verkraften würde. Sie nahm sich manche Dinge sehr zu Herzen.

Hatte Noa Verwandte im Holocaust verloren? Wir hatten während unserer Studienzeit in Israel über dieses Thema geredet. Ich wusste, dass keine nahen Familienmitglieder umgebracht worden waren. Über ihre weitere Verwandtschaft aber wusste ich gar nicht Bescheid. War jemand in Płaszów ermordet worden? Hätte sie es damals in Israel erwähnt, es wäre mir nicht aufgefallen.

Anat hätte ich meine Geschichte eher erzählen können, sie ist weniger leicht zu erschüttern. Aber ich wollte zuerst mit Noa sprechen.

Also meldete ich mich bei beiden Freundinnen nicht. Auf ihre Mails antwortete ich nur sporadisch.

Zum hebräischen Neujahrsfest schickte mir Noa immer Fotos von ihrer Familie. Manchmal meldete sie sich auch zu anderen jüdischen Festen oder zu familiären Anlässen. Ich antwortete nur mit wenigen kurzen Sätzen.

Nach fast drei Jahren, in denen wir uns nicht gesehen hatten, kündigte Noa an, sie wolle zur nächsten Berlinale kommen, dem alljährlichen Filmfest in Berlin. Noa war inzwischen Drehbuchautorin in Israel. Wenn Noa auf die Berlinale kommt, versuchen wir immer, uns zu sehen, unsere Treffen dort sind ein festes Ritual. Ich hatte mich nicht bei ihr gemeldet – wenn ich jetzt nicht nach Berlin käme, würde sie bestimmt denken, ich würde sie bewusst meiden.

Aber ich konnte nicht zum Filmfest fahren und mit Noa dort über Nebensächlichkeiten plaudern. Ich konnte und wollte sie nicht belügen, wenn sie mich fragte: Was ist los mit dir? Dazu kannten wir uns zu lange.

Auf der Berlinale sollte ein Spielfilm nach einem Drehbuch von Noa gezeigt werden. Es ging darin um einen autistischen Jungen. Mein alter WG-Genosse Tzahi spielte eine der Hauptrollen.

Ich wusste, wie lange Noa an dem Drehbuch geschrieben hatte. Jahre ihres Lebens hatte sie auf diesen Film hingearbeitet, mir immer wieder davon erzählt. Sie lud mich ein, wollte, dass ich im Kinosaal in Berlin neben ihr sitze. Es würde ihr Moment sein. Ich wollte ihn mit ihr teilen und nicht mit meiner Geschichte zerstören.

Ich hatte einmal den Fehler gemacht, einer guten Freundin am Rande eines Geburtstages von meiner Familiengeschichte zu erzählen. Die Freundin war danach ziemlich erschüttert und konnte die Feier nicht mehr genießen.

Ich schrieb Noas Mann Yoel eine lange Mail und erzählte ihm, in welch schwieriger Situation ich mich befand: Ich schilderte ihm, dass mir etwas auf dem Herzen lag, das ich mit Noa besprechen musste, ihr aber nicht auf der Berlinale sagen wollte. Dann schrieb ich ihm meine ganze Geschichte und bat ihn, sie Noa zu erzählen. Ich fragte ihn, wie viele Verwandte Noa und er im Holocaust verloren hätten und ob jemand in Płaszów gestorben sei.

*

Yoel schrieb zurück: «Wir alle haben jemanden verloren. Der Holocaust ist in unserer DNA, er ist der Grund, warum wir hier sind. Aber was kannst du dafür?

Die Berlinale ist ein wichtiger Moment für Noa, aber Du wirst ihn ihr nicht verderben. Sie will Dich so gerne wiedersehen, sie vermisst Dich. Ich bin sicher: Sie wird Deine Geschichte anhören und Dir helfen, wo immer sie kann. Du musst sie nicht schonen. Du brauchst jetzt unsere Unterstützung und Rücksicht, nicht sie. Noa wird immer Deine Freundin bleiben, in guten und in schlechten Zeiten.»

Yoel und Noa sitzen in der gemeinsamen Wohnung im Zentrum Tel Avivs, als sie ihre Familiengeschichten erzählen.

Die Familie von Noas Vater lebte in den USA, als Hitler an die Macht kam, sie war sicher.

Die Familie von Noas Mutter stammt aus Polen und Russland. Ihre Großmutter mütterlicherseits wohnte bei Kriegsbeginn in der Stadt Stolin in Weißrussland. Sie wurde während des Zweiten Weltkriegs von Stalin nach Sibirien deportiert. Ihre Eltern, ihre vier Geschwister und deren Kinder blieben zurück und wurden von Deutschen mit Hunderten anderer Juden bei einem Massaker umgebracht.

Verwandte von Noas Großvater mütterlicherseits wurden im damaligen Polen im Ghetto von Pinsk ermordet. Der Bruder ihres Großvaters starb im Konzentrationslager Majdanek bei Lublin.

Auch Noas Mann Yoel hat Verwandte in Polen verloren. Er erinnert sich, wie er und seine Freunde sich als Kinder in den siebziger Jahren über einen Nachbarn wunderten, der einen VW Käfer besaß: Dieser Nachbar war im KZ gewesen – und fuhr einen deutschen Wagen!

Das sei lange her. Yoel lacht jetzt und zeigt auf seinen Herd: Siemens!

In Yoels Heimatdorf gab es auch Paare, die Kinder adoptierten, weil sie selber nach Misshandlungen und medizinischen Versuchen in Konzentrationslagern keinen Nachwuchs mehr bekommen konnten. Schwer traumatisierte Menschen, die immer in der Furcht lebten, dass ihre Adoptivkinder eines Tages verschwinden würden oder dass man sie ihnen wegnehmen könnte.

Yoel erzählte seiner Frau Noa behutsam, was er aus Jennifers Mail erfahren hatte. Noa sagt, sie sei schockiert gewesen: «Ich war noch niemals so vertraut mit einem engen Verwandten eines Nazi-Täters.» Noa hat noch andere deutsche Freunde, sie fragte sich, welche Verbrechen deren Großväter wohl im Krieg begangen hatten.

Warum hatte sie sich nie danach erkundigt? «Zuerst traute ich mich nicht, nach den Großeltern zu fragen. Später war das Thema dann immer so weit weg. Wenn man mit jemandem befreundet ist, diskutiert man nicht darüber, ob seine Großeltern vielleicht deine denunziert oder umgebracht haben. Bei Jenny ist es besonders augenfällig: Sie und Amon Göth – ich kriege das einfach nicht zusammen!»

Noa ist überzeugt: «Es war Schicksal, dass ich Jenny als junges Mädchen traf. Unsere Freundschaft wäre nicht möglich gewesen, wenn wir gewusst hätten, dass ihr Großvater ein KZ-Kommandant war. Wie hätte sie mit einer solchen Bürde auf mich zugehen können, mit diesem Rucksack voller Schuld? Wie hätte ich ihr unbefangen begegnen können?»

Es wäre alles so kompliziert gewesen, eine verkrampfte Wir-reichen-uns-über-die-Gräber-die-Hand-Freundschaft.

Heute, sagt Noa, könne sie mit Jennifers Geschichte umgehen. Sie kenne sie seit 20 Jahren und sehe in Jennifer nur die Freundin, nicht die Nazi-Enkelin: «Ich sagte zu ihr: Vergiss Amon Göth. Du bist Jenny! Bitte, komm!»

*

Jennifer Teege mit ihrer Freundin Noa in einem Café in Tel Aviv, 2011

Jetzt bin ich zurück in Israel, bei Noa. Sie ist umgezogen, ich musste ihre Wohnung erst suchen. Nachdem wir uns umarmt haben und Noa mir die neuen Räume gezeigt hat, setzen wir uns auf ihre Terrasse in die Sonne, reden und beobachten das Treiben auf der Straße. Es ist wie immer, nur schöner, weil nichts mehr zwischen uns steht.

Vor ein paar Wochen saß ich neben Noa im Dunkeln, als ihr Film in Ausschnitten auf der Berlinale gezeigt wurde. Es war so, wie ich es mir gewünscht hatte: Wir teilten diesen wichtigen Augenblick.

In Tel Aviv läuft der Film nach Noas Drehbuch nun im Dizengoff-Center im Stadtzentrum. Am Abend gehen wir dort noch einmal gemeinsam ins Kino, um ihn in voller Länge zu sehen. Der Film heißt «Mabul». Auf der Leinwand sehen wir Tzahi als Vater. Ich mag die Geschichte über die Familie mit dem autistischen Sohn. Er zeigt, wie wichtig es ist, auch in schwierigen Zeiten zusammenzuhalten und nicht aufzugeben.

Danach gehen Noa und ich in ein Café. Wir sprechen darüber, was wir schon alles miteinander erlebt haben. Wir sind uns näher als je zuvor. Es gibt nichts mehr zu verbergen, alles fühlt sich gut und richtig an.

Nach einem kurzen Abstecher nach Jerusalem fahre ich nach Eilat. Zu Anat. Ich hatte Noa gebeten, ihr alles zu erklären.

*

Anat weint, als sie Jennifers Geschichte hört.

Sie sieht sofort dieses Bild aus dem Film «Schindlers Liste» vor sich: der Mann auf dem Balkon, der zum Zeitvertreib Menschen erschießt. Jennifers Großvater.

Anat hat den Film bei der Balkon-Szene ausgeschaltet. Sie ertrug sie nicht.

Wenn Anat alte, verblichene Familienfotos zeigt, sagt sie oft dazu: «Der wurde erschossen, die wurde vergast ...»

Die Familie von Anats Mutter stammt aus Polen. Anats Urgroßeltern und ein Onkel wurden wahrscheinlich in Sobibor umgebracht – einem polnischen Vernichtungslager, in dem auch Amon Göth zeitweilig eingesetzt war, bevor er nach Krakau kam.

Anats Vater war ein deutscher Jude aus Hannover, er floh 1935 nach Israel. Die Angehörigen, die in Deutschland blieben, wurden alle umgebracht.

Einmal noch fuhr Anats Vater nach dem Krieg nach Deutschland, er kam zurück und sagte zu seinen Kindern: «Sie sind immer noch dieselben, sie haben sich nicht geändert.»

Anats Vater hasste die Deutschen, und er hasste Gott, weil er all dies zugelassen hatte. Anat wuchs auf mit einem verbitterten alten Mann. Aber kurz vor seinem Tod sah er plötzlich nur noch deutsches Fernsehen, wollte nur noch Deutsch hören.

Jennifer und Anat sitzen nebeneinander auf der Veranda vor Anats Haus im Kibbuz Eilot. Anat hat frischen Minztee gemacht und Datteln auf den Tisch gestellt. Sie ist barfuß wie die meisten hier, ihre blonden halblangen Haare sind zerzaust, sie trägt ein ausgeleiertes T-Shirt.

Kinder laufen über die gepflegten Rasenflächen. Mittlerweile ziehen junge Familien in den Kibbuz, weil ihre Kinder dort behütet und naturnah unter Gleichaltrigen aufwachsen

Jennifer Teege mit ihrer Freundin Anat und deren jüngerem Sohn Stav im Kibbuz Eilot, 2011

können. Zwar gibt es immer noch Kinderbetreuung, aber die Kinder leben im Haus ihrer Eltern. Anat sagt, sie wäre nicht zu Alon in den Kibbuz gekommen, wenn ihre Söhne im Kinderhaus hätten aufwachsen müssen wie noch ihr Mann.

Heute erinnert der Kibbuz Eilot an eine deutsche Reihenhaus-Siedlung: Kinderlachen und Katzenmaunzen, jeder kennt jeden. Aber der Geist hier ist immer noch ein anderer: Keine Hecken und Zäune trennen die Grundstücke, jeder gibt sein Einkommen an die Gemeinschaft ab, viel bleibt nicht für den Einzelnen.

Jennifer Teege ist die Wüstenstraße hierher entlanggefahren, vorbei an den Siedlungen der Beduinen und den Schildern, die vor Kamelen auf der Straße warnen. Je länger sie durch die Wüste Negev fuhr, desto gelöster schien sie zu werden.

Sie hat lange gebraucht für diesen Weg. Sie hat Krakau hinter sich gelassen und ein kleines Dorf in Bayern.

Jennifer und Anat halten sich an den Händen, Jennifer streichelt Anats Hand. Anat hat Jennifers riesige Sonnenbrille aufgesetzt – ein mondänes Modell, das nicht so recht zu ihr passen will. «Damit bin ich der Star im Kibbuz», sagt Anat und lacht.

Anats älterer Sohn Kai ist jetzt siebzehn – fast so alt wie Anat und Jennifer, als sie sich kennenlernten. Der Geschichtsunterricht in Kais letzten beiden Schuljahren behandelt vor allem den Holocaust. Anat sagt, ihr Sohn sei jetzt so voller Wut auf die Deutschen.

Bald wird Kai auf Klassenfahrt gehen und durch verschiedene Konzentrationslager in Polen reisen – Standardprogramm für israelische Jugendliche. Anat möchte gern, dass Jennifer dazukommt. Dass eine Deutsche mit dieser besonderen Geschichte dabei ist, wenn Kais Klasse in Płaszów ist.

*

Ich muss darüber nachdenken, ob ich Kai und seine Mitschüler begleiten will. Eigentlich möchte ich jetzt nach vorne schauen, nicht zurück.

Wir gehen durch den Kibbuz. Anat zeigt mir die neuen Gästehäuser. Das nächste Mal will ich mit meinem Mann und meinen beiden Söhnen hierherkommen. Ich wollte immer mit meiner Familie nach Israel reisen – aber erst, wenn meine Kinder groß genug sind, um dieses komplizierte Land zu verstehen.

Ich umarme sie zum Abschied: «Anati, my dear friend.»

KAPITEL 6

Blumen in Krakau

Jeder Mensch möchte herausfinden, wer er ist.
(Jennifer Teeges ehemaliger Psychotherapeut
am Universitätsklinikum Hamburg-Eppendorf)

Was ist Familie? Das, was wir erben, oder das, was wir miteinander teilen?

Das Buch über meine Mutter habe ich vor genau vier Jahren entdeckt.

Vor drei Jahren war ich das erste Mal in Krakau.

Als ich damals nach Polen reiste, war ich am Tiefpunkt meines Lebens angelangt. Nachdem ich das Buch über meine Mutter gelesen hatte, war alles wieder aufgebrochen: die Verletzungen aus der Kindheit; das Gefühl, nicht zu wissen, wer ich wirklich bin; die Traurigkeit, die mein ganzes bisheriges Leben überschattete.

Jeder Mensch will wissen, woher er kommt, wer seine Eltern und seine Großeltern sind. Er möchte eine vollständige Geschichte über sich erzählen, mit einem Anfang und einem Ende. Er fragt sich: Was ist einzigartig an mir?

Das Buch war der Schlüssel zu allem, der Schlüssel zu meinem Leben. Es lüftete endlich mein Familiengeheimnis, aber die Wahrheit, die nun endlich offen vor mir lag, war schrecklich.

Ich kam nach Krakau, um mich der übermächtigen Figur des Amon Göth zu nähern, um zu verstehen, warum er meine Familie zerstört hat.

Bei meinem Besuch vor drei Jahren wagte ich nicht, einer jüdischen Touristin, die ich zufällig traf, meine wahre Identität zu enthüllen. Auch meinen Freunden in Israel vermochte ich damals noch nicht zu erzählen, wer ich war.

Das ist vorbei. Ich kehre nach Krakau zurück, um meine Freundin Anat und ihren Sohn Kai zu treffen. Auch Anat fährt mit nach Polen – es ist üblich, dass die Schulklassen nicht nur von ihren Lehrern, sondern auch von einigen Eltern begleitet werden.

Morgen werde ich vor Kais Klasse treten und meine Geschichte erzählen. Wie werden die Schüler reagieren?

Ich war mir zuerst nicht sicher, ob ich wirklich dazukommen wollte. Anat gegenüber äußerte ich meine Bedenken nicht. Meine Zweifel hatten nichts mit ihr zu tun. Ich war lediglich entschlossen, nicht regelmäßig über die NS-Zeit zu sprechen. Nicht weil ich es für falsch halte: Ich finde es gut, dass sich Nachkommen der Täter für einen kritischen Umgang mit der Vergangenheit einsetzen. Aber ich selbst möchte den Nationalsozialismus nicht zu meinem alleinigen Lebensthema machen. Es gibt unendlich viele Themen, für die es sich zu engagieren lohnt. Ich bin keine Expertin für den Holocaust.

Ich entschied mich trotzdem, Anats Bitte zu erfüllen. Es war ja nicht irgendeine Schulklasse, vor die ich treten sollte, sondern die von Anats Sohn Kai, mit Anat an meiner Seite.

Auch glaubte ich, es könnte für die Schulklasse interessant sein, mich zu treffen. Ich dachte kaum darüber nach, wie sich die Begegnung auf mich auswirken würde. Ich hatte keinerlei Erwartungen und wollte die Reise einfach auf mich zukommen lassen.

Als ich in Krakau am Flughafen ankomme, bin ich sehr müde. Ich habe zu wenig Zeit gehabt, mich auf das Treffen mit den Schülern richtig vorzubereiten. Eigentlich wollte ich Vokabeln auffrischen, um morgen die Einführungsworte auf Hebräisch zu halten. Aber daran war nicht zu denken.

Ich komme vom Sterbebett meines Adoptivvaters. Vor wenigen Stunden ist er im Krankenhaus der Barmherzigen Brüder in München verstorben. Es begann mit Prostatakrebs, am Ende waren die Metastasen überall in seinem Körper.

Am Krakauer Flughafen nehme ich ein Taxi und fahre in die Stadt. Draußen ist es schon dunkel. Die vergangenen Tage im Krankenhaus ziehen an mir vorüber.

In Gedanken sitze ich noch an Gerhards Bett. In den letzten zwei Wochen habe ich erlebt, was es bedeutet zu sterben. Bisher kannte ich den Tod nur aus einer abstrakten Perspektive.

Noch nie hatte ich jemanden beim Sterben begleitet.

Innerhalb weniger Tage verabschiedet sich ein Mensch. Der Körper verfällt, Schritt für Schritt. Es gibt so viele kleine Stationen auf dem Weg zum Tod. Es ist ein Prozess, und am Ende wird einem alles genommen.

Wenn ein naher Angehöriger stirbt, überdenkt man auch sein eigenes Leben. Die eigene Sterblichkeit, die jeder gern verdrängt, ist plötzlich ganz nah.

Als Gerhard ins Krankenhaus kam, konnte er noch selbst essen, sich kurz aus dem Rollstuhl erheben. Auch trinken konnte er anfangs selbständig, dann nur noch durch einen Strohhalm, schließlich nicht einmal mehr das. Er erhielt Infusionen, musste künstlich beatmet werden. Auf lebensverlängernde Maßnahmen wurde auf seinen Wunsch hin verzichtet.

Ich holte ihm anfangs Eis, erkundigte mich, welche Sorten er wolle. Erdbeer, Mango und Zitrone, antwortete er. Er konnte kaum noch essen, aber das Eis war für ihn ein kleiner Genuss.

Am vorletzten Tag konnte er fast nicht mehr sprechen. Ich fragte ihn noch einmal nach der Eissorte, er konnte sich nicht entscheiden. Ich brachte ihm ein Zitroneneis mit und fütterte ihn vorsichtig mit einem Löffel. Ein letztes Mal versuchte er, den Geschmack zu kosten. Sein Mund war so trocken, sein Gesicht ganz ausgemergelt. Er sah aus wie Gevatter Tod.

Immer wieder wollte Gerhard aufrecht sitzen, weil ihm das Erleichterung beim Atmen brachte. Doch die Ärzte sagten uns, wir dürften ihn nicht mehr aufsetzen: zu groß sei die Gefahr, dass er kollabiere. Er lag dann da, mit seinen bittenden Augen; er wollte, dass wir ihn hochziehen. Ich saß ihm gegenüber und war so hilflos. Das Aufsitzen bedeutete für ihn einen kleinen Rest Selbständigkeit. Diesen kleinen Gefallen hätte ich ihm gern getan, aber nicht einmal das war möglich. Irgendwann gab er dann auf und blieb still liegen, die Augen geschlossen.

Im Krankenhaus waren alle Menschen zusammengekommen, die Gerhard nahestanden. Es war immer jemand bei ihm: Nachts wachte Inge an seiner Seite. Tags kamen meine Brüder, Freunde und Verwandte und ich mit meinem Mann und meinen beiden Söhnen dazu.

Nur Gerhards Sterben zählte noch, alles andere war weit weg. So wie der todkranke Patient in eine Zeitlosigkeit glitt, in eine dämmerige Zwischenwelt, so verloren auch wir, seine Begleiter, das Gefühl für Stunde und Tag.

Gerhard hatte noch genug Zeit, sich von seinen Freunden und Verwandten zu verabschieden, konnte ganz bewusst Lebewohl sagen. Ein Geschenk.

Wir fragten uns alle, ob Gerhard bis zu seinem siebzigsten Geburtstag durchhalten würde. Dies war sein letzter Wunsch gewesen: Im Kreis seiner Familie Geburtstag zu feiern.

An seinem Geburtstagsmorgen versammelten wir uns alle im Krankenhaus. Die Tochter meines Bruders Manuel hatte einen Kuchen gebacken.

Gerhard öffnete nur kurz die Augen. Er war kaum bei Bewusstsein, spürte aber, dass wir alle gekommen waren. Ich glaube, es war für ihn noch ein schöner Geburtstag und ein schöner Abschied. Wir saßen den ganzen Tag an seinem Bett, wechselten uns ab. Im Stillen hoffte ich, er würde nun bald sterben. Ich wusste, das war in seinem Sinn.

Kurz nachdem ich die Klinik verlassen hatte, starb Gerhard.

Drei Stunden später saß ich im Flugzeug.

Vor drei Jahren wollte ich meine Reise nach Krakau unbedingt antreten, obwohl ich kurz zuvor eine Fehlgeburt erlitten hatte. Auch diesmal wäre es mir nicht in den Sinn gekommen, Anat abzusagen.

Mein Besuch in Polen war lange geplant. Vor Wochen hatte ich den Flug nach Krakau gebucht. Zu meinem Naturell gehört es, mich an Zusagen zu halten.

Das Taxi hält vor einem großen Hotel im Krakauer Viertel Podgorze, dem ehemaligen Judenghetto. Morgen werde ich Anat und Kai, Kais Klasse und seine Lehrer treffen. Seit ich Anat und Kai zum letzten Mal in Israel gesehen habe, ist fast ein Jahr vergangen. Ich freue mich auf sie.

*

Płaszów ist die vorletzte Station der israelischen Schüler auf ihrer Reise durch Polen.

Sie haben in den letzten Tagen das ehemalige Warschauer Ghetto besucht und das ehemalige Vernichtungslager Treblinka nordöstlich von Warschau. Sie haben jüdische Gräber von Schmutz und Blättern gereinigt und immer wieder mit dem Auschwitz-Überlebenden Zvi Moldovan gesprochen, einem freundlichen alten Israeli, der seit Jahren Schülerreisen nach Polen begleitet.

Am ehemaligen Bahnhof in Lodz stiegen die Schüler in einen alten Viehwaggon, mit dem Juden, Sinti und Roma aus dem Ghetto von Lodz in Konzentrationslager deportiert wurden. Im Waggon war es eng und dunkel. Die Jugendlichen versuchten nachzuempfinden, wie sich die hier gefangenen Juden gefühlt haben mussten. Ein israelisches Mädchen begann heftig zu zittern.

Die Schüler besuchten das Lager Chelmno. Sie fuhren weiter nach Lublin und ins Lager Majdanek.

Das ehemalige Ghetto von Tarnow, das Lager von Belzec.

Im gemeinsamen Tagebuch, in das sich jeder der Schüler eintragen konnte, heißt es: «Ein Großteil meiner Familie wurde hier umgebracht. Wenn ich die Gaskammern, die Baracken, das Krematorium sehe, scheint es mir, als wären sie gestern erbaut worden. Aber ich fuhr dorthin in einem klimatisierten Bus, mein Großvater in einem überfüllten, heißen Viehwaggon ohne Essen und Trinken. Ich fuhr ein paar Stunden, Großvater drei Tage und drei Nächte. Ich bin mit vielen Freunden hier, Großvater war allein. Ich war ein paar Stunden dort, Großvater bis zum Sommer 1944. Ich sah in Polen die Erinnerungen meines Großvaters vor mir. Er hat überlebt und konnte mir alles erzählen. Ich werde ihn nie vergessen.»

Ein anderer Eintrag lautet: «Meine Großmutter ist dem Lager nie ganz entronnen. Sie war immer unruhig und hatte ständig Angst, die Kontrolle über ihr Leben wieder zu verlieren. Sie plante und bereitete alles lange im Voraus vor, füllte in einem fort den Kühlschrank und die Regale. Ich habe sie nie stillsitzen sehen.»

Etwa nach der Hälfte der Reise bekamen die Schüler Briefe ausgehändigt, die ihre Eltern den Lehrern für sie mitgegeben hatten. Die Mütter und Väter sprachen ihnen darin Trost zu, baten sie, nicht zu verzweifeln angesichts der schrecklichen Orte. Viele Schüler brachen in Tränen aus, als sie die Briefe lasen.

Im Klassen-Tagebuch steht jetzt: «Jeder Tag hier fühlt sich

an wie eine Woche. Ich habe solche Sehnsucht nach meinen Eltern, nach daheim.»

Sobibor: Die Schüler liefen durch den Wald, dorthin waren Häftlinge nach dem gescheiterten Aufstand im Lager Sobibor geflüchtet.

Dann das südostpolnische Dorf Markowa, in dem eine polnische Bauernfamilie zwei jüdische Familien auf ihrem Hof versteckte. Die Deutschen entdeckten die Juden und erschossen sie, ebenso ihre polnischen Helfer, die Bauersleute mit ihren sechs kleinen Kindern.

Ins Tagebuch schrieb ein Schüler: «Ich will nicht mehr zur Armee. Ja, ich muss mein Land verteidigen, aber denkt das nicht jeder Soldat? Dachten das nicht auch die Deutschen?»

Eine Schülerin schrieb: «Wie kam es, dass Männer morgens aufstanden, ihren Kaffee tranken, ihre Frau und ihre Kinder küssten und danach zur Arbeit gingen – eine Arbeit, die darin bestand, andere zu erniedrigen und zu töten?»

Als die Schüler in Krakau ankommen, sind sie erschöpft. Vom Land selbst haben sie bisher wenig gesehen. Polen, das ist für sie vor allem eine Ansammlung von Vernichtungsstätten.

Die Erinnerung ist einer der zentralen Werte im Judentum. «Zachor» – «Gedenke! Erinnere Dich» – heißt es in der Thora. Das Gedenken an den Holocaust und seine Opfer hat sich jedoch in den Jahren seit der Gründung des Staates Israel 1948 gewandelt.

Bis 1949 kamen etwa 350 000 Überlebende der Shoa nach Israel. Sie wurden reserviert aufgenommen. Man sah sie als «Lämmer, die sich haben zur Schlachtbank führen lassen», so beschreibt es der israelische Historiker Moshe Zimmermann.

Für den Aufbau des jungen Staates Israel aber brauchte es Helden und Kämpfer, keine Opfer.

Das Trauma der Überlebenden war zugleich Tabu: In der israelischen Öffentlichkeit wurde kaum über ihre Leiden gesprochen.

In der israelischen Zeitung «Ha'aretz» hieß es sogar: «Wir müssen den Tatsachen ins Auge blicken. Die wenigen, die uns in Europa geblieben sind, gehören nicht unbedingt zum Besten des jüdischen Volkes.» Der Historiker Tom Segev analysierte, dass «die Juden in Palästina von der fixen Idee besessen waren, dass nur die schlechtesten Elemente ... im Lager überleben konnten, also jene, die anderen das Brot gestohlen hatten und anderes mehr. Die Guten seien dagegen alle ermordet worden.»

Ein Wendepunkt war der Prozess gegen Adolf Eichmann in Israel 1961. Eichmann war für die Deportation der europäischen Juden zuständig gewesen. Der israelische Chefankläger wartete im Prozess gegen ihn nicht nur mit Akten und Papieren auf, sondern lud vor allem viele Zeitzeugen vor, die erstmals offen über ihren Schmerz und ihre Trauer sprachen. Nach der Interpretation Tom Segevs «erlöste» der Prozess «eine ganze Generation von Überlebenden» und diente als «eine Art nationale Gruppentherapie».

Die Erinnerung an die Shoa wurde nun zur nationalen Aufgabe, zu einem zentralen identitätsstiftenden Element des Staates Israel, das bis heute nicht an Bedeutung verloren hat. Erzieher in israelischen Kindergärten und Vorschulen sowie Lehrer an Schulen sind angehalten, altersgerecht Kenntnisse der Shoa zu vermitteln.

Das israelische Erziehungsministerium erstellte auch ein

Konzept für Schülerreisen. Seit 1988 haben Zehntausende von Schülern an Fahrten nach Polen teilgenommen.

Die Jugendlichen werden lange auf diese Reisen vorbereitet, die Teilnahme ist nicht verpflichtend. Anat hat mit anderen Eltern darüber diskutiert, ob man Kinder diesem Schrecken aussetzen darf, einige haben sich gegen die Fahrt entschieden.

Anat hatte keine Sorge, dass ihr Sohn Kai ängstlich und verstört aus Polen zurückkehren würde: «Ich befürchtete eher, er würde die Deutschen am Ende hassen und sich selbst nur in der Rolle des Verfolgten sehen.»

Auf der Fahrt nach Krakau haben die Schüler im Bus noch einmal den Film «Schindlers Liste» angesehen. Sie werden den Schauspieler Ralph Fiennes als grausam mordenden Amon Göth noch deutlich vor Augen haben, wenn sie in Płaszów Jennifer Teeges Geschichte hören.

Deswegen war es Anat so wichtig, dass ihre Freundin Jennifer mit nach Płaszów kommt: «Es ist zu einfach, Amon Göth zu hassen. Wenn die Deutschen und ihre Verbündeten zu Mördern wurden, können auch wir zu Mördern werden. Wenn die Deutschen wegschauten, kann das auch uns passieren. Ich hoffe, dass meine beiden Söhne immer daran denken. Dass sie die Palästinenser immer als Menschen sehen werden und nicht als Feinde.»

Als die israelischen Jugendlichen in Krakau eintreffen, werden sie von drei Sicherheitsleuten begleitet: Ein Leibwächter ist aus Israel mit angereist, in Krakau unterstützen ihn zwei polnische Polizisten. Sie sind besonders wachsam: Vor vier Tagen wurde in Bulgarien ein Selbstmordattentat auf einen Reisebus mit israelischen Touristen verübt, sechs Menschen starben. Verdächtigt wird die libanesische Hisbollah-Miliz.

Die Sicherheitsleute überprüfen den Reisebus der israelischen Schulklasse vor jedem Einsteigen, sie inspizieren vorab jede Unterkunft. Das Hotel erfüllt die Sicherheitsauflagen: Jedes Stockwerk kann nur durch eine Tür betreten werden, die mit einer Karte zu öffnen ist. Die Zimmer der Israelis liegen alle auf einem Stockwerk.

Nachdem die Jugendlichen ihre Zimmer bezogen haben, treffen sie sich noch kurz in der Lobby des Hotels, sitzen auf den modernen hellen Sofas zwischen künstlichen Palmen.

Die Jungen und Mädchen tuscheln und kichern, sie wollen sich später heimlich auf den Zimmern besuchen. Wie auf einer ganz gewöhnlichen Klassenreise. Die Jugendlichen, die im Kibbuz zu Hause sind, erkennt man daran, dass sie barfuß über den dunklen Fliesenboden in der schicken Hotellobby laufen. Ein paar Männer in Anzügen blicken ihnen irritiert nach.

Auch Kai läuft barfuß umher. Er ist der Einzige aus der Schülergruppe, der weiß, dass Jennifer Teege in Płaszów dabei sein wird. Außer ihm sind nur die mitreisenden Eltern und Lehrer eingeweiht.

*

Als ich das Hotel in Krakau betrete, ist es schon Nacht. Am nächsten Tag treffe ich in der Innenstadt die Gruppe der Israelis.

Anat und ich umarmen uns lange.

Die Schulklasse hat bereits das ehemalige Ghetto in Podgorze und das jüdische Viertel Kazimierz mit seinen Synagogen besichtigt. Jetzt haben die Schüler das erste Mal auf ihrer Reise ein bisschen Freizeit in der Krakauer Innenstadt. Am historischen Marktplatz Rynek wollen sie

Andenken und Geschenke für daheim kaufen. Danach ist die Fahrt zum Mahnmal von Płaszów geplant.

Anat und ich nutzen die Zeit, in der die Schüler umherlaufen, und setzen uns abseits in ein Café. Ich erzähle ihr von Gerhard, seinem Tod. Sie dankt mir, dass ich trotzdem gekommen bin. Ich sage ihr, dass ich schon morgen wieder nach München zurückfliegen werde, um mit Inge und meinen Brüdern Gerhards Beerdigung vorzubereiten. Auch will ich mich noch von Gerhard verabschieden, ihn in der Aussegnungshalle sehen, bevor sein Körper verbrannt wird.

Anat fühlt mit mir. Sie kannte Gerhard, sie hat ihn bei seinem Besuch in Israel und bei meiner Hochzeit getroffen. Anat sagt, sie fand meinen Adoptivvater sympathisch. Nur die Diskussionen über den Nationalsozialismus, die er mit ihr führen wollte, habe sie als anstrengend empfunden.

Noch auf dem Sterbebett kreisten Gerhards Gedanken um den Holocaust. Er wollte mit mir über Adolf Eichmann sprechen, er hatte einige Bücher über den Prozess gegen ihn gelesen.

Über viele Jahre hatte Gerhard sich intensiv mit dem Nationalsozialismus beschäftigt. Er recherchierte, las historische Quellen, verglich Opferzahlen. Er fragte nach, wenn er Ungenauigkeiten oder Widersprüche zu entdecken glaubte.

Er verbiss sich regelrecht in dieses Thema. In der Familie spielte es eine eher untergeordnete Rolle, aber er diskutierte darüber mit Freunden, und zwar so heftig, dass einige Freundschaften daran zerbrachen.

Vor seinem Tod legte ich ihm nahe, sich mit einigen dieser Freunde zu versöhnen. Aber er wollte sich nicht entschuldigen. Meine Brüder und ich konnten einfach nicht verstehen, warum er so kompromisslos war, bis zum Schluss.

Im Krankenbett sprach er dann auch über Amon Göth. Er zitierte Dostojewski, fragte, ob der Mensch böse sei. Wir diskutierten die Thesen von Alexander und Margarete Mitscherlich, nach denen die meisten Deutschen im Nachkriegsdeutschland keinen Zugang zu Schuld und Scham fanden. Wieder war mir nicht klar, worauf Gerhard eigentlich hinauswollte.

Ich glaube, er konnte nicht benennen, was ihn eigentlich an diesem Thema verstörte. Er versteckte sich hinter Zitaten und Theorien.

Letztlich waren es seine Eltern, die hinter allem standen.

Es ging um seine eigene Kindheit, seine Mutter und seinen Vater.

Sie waren keine Parteimitglieder, aber Sympathisanten und Mitläufer. Sie mochten die Disziplin und die Hitlerjugend, sie glaubten an die sichere Zukunft, die Hitler ihnen versprach. Den Erfolg der Nationalsozialisten sah der Bochumer Opa als Segen für Deutschland an.

Vor dem Tod sprach Gerhard das erste Mal länger über seine Eltern. Die Bochumer Oma und den Bochumer Opa.

*

Matthias Sieber, Jennifer Teeges älterer Adoptivbruder, glaubt, dass sein Vater in vielen Diskussionen unbewusst seine eigenen Eltern verteidigen wollte. Gerhard Sieber habe insbesondere die Frage umgetrieben, ob die deutsche Bevölkerung im Zweiten Weltkrieg über die Vernichtungslager Bescheid wusste: «Meinem Vater war klar, dass die Deportationen und das Verschwinden von so vielen Menschen nicht unbemerkt geblieben sein konnten. Er fragte sich, ob seine Eltern etwas mitbekommen hatten.»

Gerhard Siebers Eltern waren von Hitlers Ideen angetan, von seiner Person fasziniert: «In den fünfziger Jahren hat mein Großvater einmal zu meinem Vater gesagt, Hitler sei gar nicht tot und werde sicher bald wiederkommen. Mein Vater hat später bereut, da nicht genauer nachgefragt zu haben.»

Gerhard Siebers Vater starb früh. Später versuchte Gerhard Sieber, mit seiner Mutter über die NS-Zeit zu sprechen. Sie behauptete, nichts von der Ermordung der Juden mitbekommen zu haben.

Zu Matthias sagte seine Bochumer Großmutter einmal, ein Grund für den Antisemitismus sei doch gewesen, dass die Juden vor dem Krieg alle Kaufhäuser besessen hätten.

Matthias glaubt: «Mein Vater trug diesen ungeklärten Konflikt mit seinen Eltern mit sich herum. Er hat eine verbissene Auseinandersetzung zum Thema Holocaust geführt – ohne sich bewusst zu sein, dass er eigentlich seine Eltern verstehen wollte.»

*

Die Lehrer rufen zum Aufbruch. Wir steigen in den Bus und fahren zum Gelände des ehemaligen Konzentrationslagers Płaszów.

Während der Busfahrt sitze ich neben einer Klassenkameradin von Kai. Ich kenne sie nicht, sie schweigt. Einige andere Jugendliche mustern mich neugierig. Noch wissen sie nicht, wer ich bin, noch bin ich inkognito unterwegs. Anat und die Lehrer dachten, es sei besser, abzuwarten und den Schülern erst am Mahnmal zu erklären, wer ich bin. Ich lehne mich zurück, schließe die Augen und ruhe mich aus, bevor gleich der offizielle Teil beginnt.

Ich habe mir für diesen Tag nichts vorgenommen. Ich weiß nur, was ich nicht will: Wissen vermitteln. Dafür sind Lehrer und Professoren zuständig. Fakten sind wichtig, man braucht sie, um Dinge in der Tiefe zu verstehen. Aber wenn nach den Fakten nichts mehr kommt, wenn man keine Bezüge herstellt und auf die Reflexion verzichtet, sind sie nicht viel wert: Man vergisst sie so schnell, wie man sie gehört hat.

Die israelischen Schüler haben auf ihrer Reise viel über die Opfer gehört und auch etwas über die andere Seite, die Täter. Sie haben sich wahrscheinlich gefragt, wie es dazu kommen konnte, dass Menschen Millionen anderer Menschen ermordeten.

Ich möchte die Geschichte aus einer anderen Perspektive erzählen. Ich will erzählen, wie es ist, die Enkelin eines KZ-Kommandanten zu sein. Und ich will von meiner Verbindung mit Anat erzählen.

Weder Anat noch ich wussten über meine Familiengeschichte Bescheid. Wir sind uns zufällig begegnet. Sie ist eine Nachfahrin der Opfergeneration, ich der Tätergeneration. Trotzdem ist unsere Verbindung nicht symbolisch, sie ist eine echte Freundschaft, die bis heute Bestand hat.

Der Bus hält am Rande der Schnellstraße, die am Gelände des Lagers vorbeiführt, wir steigen aus. Noch einmal laufe ich den Hügel hoch, zum Mahnmal.

Als ich das erste Mal hierherkam, war ich mir nicht sicher, was ich mit dem neuen Wissen um meine Familie anfangen sollte. Aber mir war klar, dass hinter all dem Schrecklichen etwas Gutes steckte: Ein halbes Leben hatte ich ohne die Kenntnis meiner Herkunft gelebt, nun wusste ich endlich die Wahrheit. Dieses Wissen hat mich schockiert, aber auch befreit.

Familiengeheimnisse entwickeln eine zerstörerische Kraft. So oft war ich verzweifelt und hatte das Gefühl, vor verschlossenen Türen zu stehen.

Mit der Entdeckung des Familiengeheimnisses war auch meinen Depressionen die Grundlage entzogen. Nach der ersten Krakau-Reise ging es mir besser. Heute ist meine Traurigkeit verschwunden.

Als ich das erste Mal in Krakau war, hatte ich noch die Hoffnung, meiner Mutter wiederzubegegnen und eine neue Beziehung zu ihr aufzubauen. Es ist mir nicht geglückt. Ich habe sie gefunden und wieder verloren.

Geblieben ist mir meine Adoptivfamilie.

Lange habe ich mit meinen Adoptiveltern gehadert und vor allem die Unterschiede gesehen – das, was uns trennt. An Gerhards Sterbebett merkte ich, wie viel uns verbindet. Wir haben viele Jahre miteinander verbracht, so vieles miteinander geteilt. Mittlerweile gehöre ich zu diesem Familienverbund.

Während Gerhards Krankheit haben wir uns gegenseitig gestützt. Es war ein schönes Gefühl: Teil einer

Familie zu sein. Als wir im Krankenhaus Gerhards siebzigsten Geburtstag feiern wollten, habe ich vorher mit Matthias aus dem Keller in Waldtrudering das alte Kaffeeservice der Bochumer Oma geholt, dazu die passende Tischdecke. Darauf sind Blumenmotive, die wir alle – mein Adoptivvater, seine Schwester und seine Pflegegeschwister, aber auch meine Brüder und ich – seit Kindheitstagen kennen.

Als wir den Tisch im Krankenhaus damit deckten, erinnerten sich alle Generationen, die dabei waren, an dieses Kaffeeservice. Für jemand Außenstehenden wären es nur irgendein altmodisches Geschirr und eine gemusterte Tischdecke gewesen.

Wir sind am Mahnmal angelangt. Die Schüler setzen sich auf die Treppenstufen, die Lehrer, Anat und ich bleiben vor ihnen stehen. Einer der Lehrer spricht einführende Worte zum Lager Płaszów und zum Kommandanten Amon Göth.

Danach ergreift Anat das Wort. Sie erzählt, wie ich vor über 20 Jahren auf einmal in ihrer WG in Tel Aviv stand, wie unsere Freundschaft wuchs und bis heute besteht. Ihr Vortrag rührt mich an.

Anat gibt das Mikrophon an mich weiter. Ich begrüße alle mit «Shalom» und beschreibe dann, wie ich aufgewachsen bin und wie ich erst spät mein Familiengeheimnis entdeckte. Ich erkläre, warum ich mich erst nicht mehr bei Anat meldete und wie froh ich bin, heute mit ihr hier zu sein. Mir fällt es nicht schwer, meine Geschichte zu erzählen. Zu den Schülern sage ich, dass ich mich freue, wenn sie mir Fragen stellen. Ich wünsche mir einen Dialog mit ihnen, ich möchte keinen Vortrag halten, sondern selbst etwas Neues erfahren.

*

Einige Schüler sind zunächst unkonzentriert, als sie am Mahnmal von Płaszów stehen. Außer dem Monument und grünen Wiesen gibt es nichts zu sehen. Ein paar sind in Gedanken schon bei den nächsten Programmpunkten: Heute Abend wird es Volksmusik geben, endlich etwas Fröhliches: polnische Tänzer in alter Tracht, die Frauen mit Blumenkränzen im Haar, die Männer mit spitzen Hüten. Auch die israelischen Jugendlichen werden dann klatschen und tanzen. Am Morgen darauf werden sie nach Auschwitz fahren, trauriger Abschluss ihrer Reise. Einige fürchten sich vor Auschwitz.

Als Jennifer Teege nach einigen einführenden Worten erzählt, dass sie die Enkelin von Amon Göth ist, werden die Schüler hellwach. Einige stoßen ihre Nachbarn an: Wer ist sie? Was, Amon Göth? Aber ihre Haut ist doch dunkel, sie war lange in Israel? Wie kann das sein? Viele blicken schockiert, einige beginnen zu weinen, wischen sich die Tränen mit dem Ärmel aus dem Gesicht. Ein Junge setzt sehr schnell seine Sonnenbrille auf.

Danach stellen die Schüler viele Fragen. «War Ihre Großmutter auch ein Nazi oder nicht? Wie lebte sie im Lager?» – «Haben Sie Kontakt zu Neonazis?» – «Wie ertragen Sie das alles?» Der Biologielehrer der Klasse will von Jennifer Teege wissen: «Haben Sie Angst vor Ihren Genen?»

Ein zierliches Mädchen mit langen dunklen Locken sagt, dass sie so viel über die zweite und dritte Generation der Opfer wisse, aber nichts über die Nachkommen der Täter: «Als Jen-

Die israelischen Schüler an der Gedenkstätte in Płaszów, 2012

nifer ihre Geschichte erzählte, begriff ich, dass auf eine ganz andere Art auch ihre Familie und sie gezeichnet sind. Dass auch sie ein Trauma mit sich trägt.» Die Eltern des Mädchens sagten vor der Reise zu ihr: «Auch wenn alles sehr traurig sein wird: Bewahre dir deinen Glauben an das Gute im Menschen, in jedem Menschen.» An diese Worte musste die Schülerin jetzt denken.

Ein anderes Mädchen sagt, man sei ja auf dieser Reise gewissermaßen verpflichtet, gerührt zu sein, angefasst. Das sei ihr manchmal wie eine Last vorgekommen: Was, wenn sie gar nichts fühlen würde? Das Mädchen sagt: Die Geschichte von Jennifer, die hat mich berührt.

Für jeden Gedenkort bereitet eine Gruppe von Schülern eine kleine Feier vor. Sie schreiben eigene Texte, suchen Lieder aus, proben sie auf der Gitarre, bestimmen eine Blumenfarbe. Auch in Płaszów soll nun die rituelle Zeremonie beginnen: Ein junger Israeli setzt seine Kippa auf und holt die Gitarre hervor.

Es dämmert schon. Jogger rennen vorbei, Spaziergänger mit Hunden sind unterwegs. Die drei Sicherheitsleute, die die Klasse begleiten, verteilen sich auf dem Gelände: Sie versuchen, von kleinen Hügeln aus das Areal des ehemaligen Lagers Płaszów zu überblicken, und verständigen sich über ihre Mobiltelefone, während die Schüler die Zettel mit den Texten für die Zeremonie hervorholen.

*

Es war schön, vor den Schülern zu sprechen. Sie hörten gebannt zu, keiner war abgelenkt. Ich schaute in ihre Gesichter und sah, wie sich ihre Blicke weiteten und die Vergangenheit sich mit der Gegenwart verknüpfte. Hinterher überhäuften sie mich mit Fragen, wollten wissen, wie es mir heute geht.

Anschließend gehen sie zum Mahnmal, die Zeremonie beginnt. Die Schüler lesen hebräische Texte vor, selbstverfasste und die Zeugnisse von Płaszów-Überlebenden. Danach spielt ein Junge auf der Gitarre, und ein Mädchen singt dazu. Ich stehe mit Anat und Kai am Rand und höre zu.

Plötzlich winkt mir eins der israelischen Mädchen an der Gedenkstätte zu: Sie lädt mich ein, an der Feier für die Opfer von Płaszów teilzunehmen. Ich gehe nach vorne. Die Schüler nehmen mich in die Mitte. Das Mädchen, das eigentlich die Blumen ablegen soll, umarmt mich. Sie überreicht mir den Strauß roter Rosen und bittet mich, sie für die ganze Gruppe niederzulegen.

Ich bin überrascht. Ich zögere, sage leise «Nein». Ich freue mich über die Geste der Schüler, aber ich bin mir unsicher: Ob es richtig ist, dass ich das Ritual ausführe. Ob ich die Richtige dafür bin.

Als ich das erste Mal in Krakau war, hatte ich meinen eigenen Strauß dabei und legte ihn im Stillen ab. Diesmal ist es schöner. Diesmal bin ich nicht allein.

Ich halte kurz inne. Dann trete ich vor, stelle mich vor den Gedenkstein und lege die Blumen langsam ab. Danach singen wir die Tikva, so heißt die israelische Nationalhymne.

Tikva bedeutet Hoffnung.

Weitere Informationen in Literatur, Film und im Internet

1. Über Amon Göth, Ruth Irene Göth und ihre Tochter Monika

Bücher:

Awtuszewka-Ettrich, Angelina: Płaszów – Stammlager, in: Wolfgang Benz, Barbara Distel (Hg.): Der Ort des Terrors. Geschichte der nationalsozialistischen Konzentrationslager, Bd. 8, Verlag C. H. Beck. München 2008, S. 235–287

Crowe, David M.: Oskar Schindler. Die Biographie. Eichborn Verlag, Frankfurt am Main 2005

Keneally, Thomas: Schindlers Liste. Roman. Verfilmt von Steven Spielberg. C. Bertelsmann Verlag, München 1983

Kessler, Matthias: «Ich muß doch meinen Vater lieben, oder?» Die Lebensgeschichte von Monika Göth, Tochter des KZ-Kommandanten aus «Schindlers Liste». Eichborn Verlag, Frankfurt am Main 2002

Pemper, Mietek: Der rettende Weg. Schindlers Liste – Die wahre Geschichte. Verlag Hoffmann und Campe, Hamburg 2005

Sachslehner, Johannes: Der Tod ist ein Meister aus Wien. Leben und Taten des Amon Leopold Göth. Styria Premium, Wien 2008

Segev, Tom: Die Soldaten des Bösen. Zur Geschichte der KZ-Kommandanten. Rowohlt Verlag, Reinbek bei Hamburg 1992

Filme:

Blair, Jon: Schindler. Die Dokumentation. GB 1983, PolyGram-Video 1993

Kessler, Matthias: Amons Tochter, Deutschland 2003, N. E. F.

Moll, James: Inheritance / Mördervater, USA 2006, Allentown Productions (Website zum Film: http://www.pbs.org/pov/inheritance/. Link zur Podiumsdiskussion mit den Protagonistinnen: http://www.pbs.org/pov/inheritance/video_panel.php)

Spielberg, Steven: Schindlers Liste, USA 1993, Universal

Ze'evi, Chanoch: Hitler's Children / Meine Familie, die Nazis und ich, Israel 2011 (http://www.hitlerschildren.com). Online anzusehen unter: http://www.youtube.com/watch?v=74FSS1FkgN4

Internet:

http://www.mietek-pemper.de/wiki/Interview_mit_Monika_Hertwig

Eine Interviewreihe, die Amon Göths Tochter Mietek Pemper gegeben hat.

2. Ausgewählte Berichte von Płaszów-Überlebenden

Frister, Roman: Die Mütze oder Der Preis des Lebens. Ein Lebensbericht. Siedler Verlag, Berlin 1997

Müller-Madej, Stella: Das Mädchen von der Schindler-Liste. Aufzeichnungen einer KZ-Überlebenden. Ölbaum Verlag, Augsburg 1994

3. Zur Lebensgeschichte anderer Täter-Nachkommen

Bücher:

Brunner, Claudia, und Uwe von Seltmann: Schweigen die Täter, reden die Enkel. Fischer Verlag, Frankfurt am Main 2006

Frank, Niklas: Der Vater. Eine Abrechnung. Verlag C. Bertelsmann, München 1987
Frank, Niklas: Meine deutsche Mutter. Verlag C. Bertelsmann, München 2005
Himmler, Katrin: Die Brüder Himmler. Eine deutsche Familiengeschichte. S. Fischer Verlag, Frankfurt am Main 2005
Lebert, Norbert, und Stephan Lebert: Denn Du trägst meinen Namen. Das schwere Erbe der prominenten Nazi-Kinder. Karl Blessing Verlag, München 2000
Nissen, Margret: Sind Sie die Tochter Speer? Deutsche Verlags-Anstalt, München 2004
Saur, Karl-Otto, und Michael Saur: Er stand in Hitlers Testament. Ein deutsches Familienerbe. Econ Verlag, Berlin 2007
Senfft, Alexandra: Schweigen tut weh. Eine deutsche Familiengeschichte. Claassen Verlag, Berlin 2007
Schirach, Richard von: Der Schatten meines Vater. Carl Hanser Verlag, München 2005
Timm, Uwe: Am Beispiel meines Bruders. Verlag Kiepenheuer & Witsch. Köln 2003

Film:

Ludin, Malte: 2 oder 3 Dinge, die ich von ihm weiß. Deutschland 2005, absolut Medien, www.2oder3dinge.de

4. Zur Psychologie der Täter und Zuschauer, der zweiten und dritten Generation der NS-Täter sowie Allgemeines zur Trauma-Therapie

Bar-On, Dan: Die Last des Schweigens. Gespräche mit Kindern von Nazi-Tätern. Campus Verlag, Frankfurt am Main 2003
Kellner, Friedrich: Vernebelt, verdunkelt sind alle Hirne. Tagebücher 1939–1945. Herausgegeben von Sascha Feuchert, Robert Kellner, Erwin Leibfried, Jörg Riecke und Markus Roth. Wallstein Verlag, Göttingen 2011
Kogan, Ilany: Der stumme Schrei der Kinder. Die zweite Genera-

tion der Holocaust-Opfer. S. Fischer Verlag, Frankfurt am Main 1998
Mitscherlich, Alexander und Margarete: Die Unfähigkeit zu trauern. Grundlagen kollektiven Verhaltens. Piper Verlag, München 1967
Ruppert, Franz: Trauma, Bindung und Familienstellen. Seelische Verletzungen verstehen und heilen. Klett-Cotta Verlag, Stuttgart 2007
Welzer, Harald, Sabine Moller und Karoline Tschuggnall: «Opa war kein Nazi.» Nationalsozialismus und Holocaust im Familiengedächtnis. S. Fischer Verlag, Frankfurt am Main 2002
Welzer, Harald: Täter. Wie aus ganz normalen Menschen Massenmörder werden. S. Fischer Verlag, Frankfurt am Main 2005
Westerhagen, Dörte von: Die Kinder der Täter. Das Dritte Reich und die Generation danach. Kösel Verlag, München 1987
Yalom, Irvin D.: Der Panama-Hut oder Was einen guten Therapeuten ausmacht. Goldmann Verlag, München 2002

5. Sonstiges

Nattiv, Guy: Mabul (The flood), Israel 2011 (nach dem Drehbuch von Noa Berman-Herzberg und Guy Nattiv); K5 International Producers

6. Ein Hinweis

Wer selbst zur Familiengeschichte in der NS-Zeit recherchieren will: Eine hervorragende Anleitung findet sich unter http://chrismon.evangelisch.de/artikel/2012/was-machte-grossvater-der-nazizeit-eine-anleitung-zur-recherche-15479

Quellennachweis der Abbildungen

ullstein bild, Berlin: 17 (AP), 77 (imagebroker.net/Petr Svarc)
Nikola Sellmair/stern/Picture Press, Hamburg: 61
Süddeutsche Zeitung Photo, München: 39 (Teutopress)
Yad Vashem Photo Archive, Jerusalem: 45, 53, 68, 73, 85, 118 (Emil Dobel)
Diane Vincent, Berlin: 240, 242

Alle übrigen Bilder stammen aus Privatbesitz.